大学体育教学方法与管理研究

王智勇 刘 宁 胡思博 著

中国华侨出版社

·北京·

图书在版编目（CIP）数据

大学体育教学方法与管理研究／王智勇，刘宁，胡思博著.—北京 ：中国华侨出版社，2021.3

ISBN 978-7-5113-8507-9

Ⅰ.①大… Ⅱ.①王… ②刘… ③胡… Ⅲ.①体育教学—教学研究—高等学校 Ⅳ.①G807.4

中国版本图书馆 CIP 数据核字（2021）第 009612 号

大学体育教学方法与管理研究

作　　者／王智勇　刘　宁　胡思博
责任编辑／江　冰　桑梦娟
封面设计／中图时代
文字编辑／秦丽瑶
经　　销／新华书店
印　　刷／三河市嵩川印刷有限公司
开　　本／710 毫米×1000 毫米　1/16
印　　张／12.75
字　　数／220 千字
版　　次／2021 年 3 月第 1 版　2022 年 1 月第 1 次印刷
书　　号／ISBN 978-7-5113-8507-9
定　　价／58.00 元

中国华侨出版社　　　　北京市朝阳区西坝河东里 77 号楼底商 5 号　　　邮编：100028
发 行 部：(010)64443051　　　　传　　真：(010)64439708
网　　址：www.oveaschin.com　　电子信箱：oveaschin@sina.com

目　录

第一章 概 述

第一节 体育的概念

一、体育的概念

(一)体育概念的引入

体育概念在我国的演变有一个历程,最初传入我国时主要是指体育课上的身体活动,也就是身体教育活动。当时,我国的竞技运动水平较低,甚至很多地方还没有开展过竞技体育运动,群众体育活动的开展还呈原始状态,因而带有体育现象特征的表现范围就是学校体育课程。然而,中华人民共和国成立后国家发生了翻天覆地的变化,体育事业在新的历史机遇条件下得到稳步发展,尤其是在国家改革开放以后,国家经济的迅速发展带动了社会主义各项事业的发展,由原来体育的含义中仅包含学校体育课程内容,发展到现在不仅学校体育已形成了独立的体系,而且竞技体育、社会体育都形成了较为完善的组织体系,体育的社会职能和功能得到大力拓展,体育在社会生活中扮演着重要的角色。

(二)体育概念的内容

我国学者曹湘君教授在根据体育术语确定的三个原则:科学性、民族传统习惯和与国际用语相一致的基础上,确立了体育的总概念,即广义的体育(亦称体育运动),并对它的上位和下位概念做了确定,形成了一个有层次的体育概念体系。广义体育的上位概念是文化(人类总文化);它的下位概念包括了狭义的体育(身体教育)、竞技运动、身体锻炼和身体娱乐。曹湘君等人关于体育概念的确定,多年以来得到了广大体育工作者的认同,帮助人们从本质上认识体育的内涵。

1. 体育的广义概念(亦称体育运动)

体育的广义概念是指以身体练习为基本手段,以增强人的体质、促进人的全面发展、丰富社会文化生活和促进精神文明为目的的一种有意识、有组织的社会活动。它是社会总文化的一部分,其发展受一定社会的政治和经济的制约,并为一定社会的政治和经济服务。

2. 体育的狭义概念(亦称体育教育)

体育的狭义概念是一个发展身体,增强体质,传授锻炼身体知识、技能,以及培养道德和意志品质的教育过程;是对人体进行培育和塑造的过程;是教育的重要组成部分;是培养人才全面发展的一个重要方面。

3. 竞技运动的概念(亦称竞技体育)

竞技运动(亦称竞技体育)指为了战胜对手,取得优异运动成绩,最大限度地发挥和提高个人、集体在体格、体能、心理及运动能力等方面的潜力所进行的科学的、系统的训练竞赛,含运动训练和运动竞赛两种形式。特点是:①充分调动和发挥运动员的体力、智力、心理等方面的潜力;②激烈对抗性的竞赛性;③参加者有充沛的体力和高超的技艺;④按照统一的规则竞赛,具有国际性,成绩具有公认性;⑤娱乐性。

当今世界所开展的竞技运动项目是社会历史的产物。远在公元前700多年的古希腊时代,就出现了赛跑、投掷、角力等项目,发展至今已有数百种之多。普遍开展的项目有田径、体操、篮球、排球、足球、乒乓球、羽毛球、举重、游泳、自行车等。各国各地区还有自己特殊的民族传统项目,如中华武术和东南亚地区的藤球、卡巴迪等,其发展与国家、地区的政治、经济、文化教育、科学技术密切相关。

4. 娱乐体育

娱乐体育是指在余暇时间或特定时间所进行的一种以愉悦身心为目的的体育活动,具有业余性、消遣性、文娱性等特点。内容一般有球类游戏、活动性游戏、旅游、棋类以及传统民族体育活动等。按活动的组织方式可分为个人的、家庭的和集体的;按活动条件可分为室内的、室外的;按竞争性可分为竞赛性的和非竞赛性的;按经营方式可分为商业性的和非商业性的;按参加活动的方式可分为观赏性活动和运动性活动。开展娱乐性体育活动,有益于身心健康,陶冶情操,培养高尚品格。

5. 大众体育亦称"社会体育""群众体育"

大众体育是为了娱乐身心,增强体质,防治疾病和培养体育后备人才,在社会上广泛开展的体育活动的总称,包括职工体育、农民体育、社区体育、老年人体育、妇女体育、伤残人体育等。组织形式有锻炼小组、运动队、辅导站、体育之家、体育活动中心、体育俱乐部、棋社,以及个人自由体育锻炼等。开展群众体育活动应遵循因人、因地、因时制宜和业余、自愿、小型、多样、文明的原则。广泛开展群众性体育活动,是发挥体育的社会功能,提高民族素质和完成体育任务的重要途径。

6. 医疗体育

医疗体育指运用体育手段治疗某些疾病与创伤,恢复和改善机体功能的一种医疗方法。与其他治疗方法相比,其特点有:①是一种主动疗法,要求患者主动参加治疗过程,通过锻炼治疗疾病;②是一种全身治疗,通过神经、神经反向机制改善全身机能,达到增强体质提高抵抗力的目的;③是一种自然疗法,利用人类固有的自然功能(运动)作为治疗手段,一般不受时间、地点、设备条件的限制。通常采用医疗体操、慢跑、散步、自行车、气功、太极拳和特制的运动器械(如拉力器、自动跑台等),以及日光浴、空气浴、水浴等为治疗手段。宜因人而异、持之以恒、循序渐进,并配合药物或手术治疗和心理疏导。两千多年前已用导引、养生作为防治疾病的手段,后又不断发展与提高,成为中国运动医学的重要组成部分。

(三)体育概念的属性

体育概念的本质是揭示体育所固有的根本特性,是人类社会的一种身体教育活动和社会文化活动。体育的本质特点就是以身体练习为手段,发展身体,增强体质,促进人的全面发展,为社会发展服务。它在社会发展过程中受一定的政治、经济制约,并为一定的政治、经济服务。从这个意义上说,体育具有自然和社会的两重属性。体育的自然属性是指体育自身所包含的客观发展规律,是放之四海皆可使用的体育本体属性,如体育的方法、手段等;体育的社会属性涉及体育为谁服务的问题,不同的国家、不同的制度,在对待这一问题上存在着很大差别,如体育的思想、制度等。

二、体育的价值与功能

(一)体育的价值

价值作为主体和客体之间的意义、效应关系,它的基础是主客体之间的相互关系和相互作用。体育的价值是体育的客体对主体生存、发展、完善等需要的满足而产生的效应,也就是说,体育的客体只有与体育的主体发生价值作用关系,才能以其自身的功能满足主体的需要,体现对主体的价值。随着对体育研究的不断深入,促使人们从价值论的角度去研讨体育发展中的问题。体育的价值研究是对体育整体所进行的价值认识和理论构建,是深化体育内涵,升华体育认识,提升体育层次的系统工程。

体育的价值着重从体育不同的表现形式来体现的,如竞技体育、体育健身、娱乐休闲等方面都很好地体现了体育的价值,对这些表现形式进行分析,可以在生活中找到适合社会和人们内在需求的契合点,那就是人们对真、善、美的追求,这也是社会的道德价值标准。体育的出现,尤其是现代体育的出现,恰恰透射出了衡量价值的评判标准,体育既从整体上通过不同的表现形式完成真、善、美的统一构建,又在不同的表现形式上突出了各自求真、求善、求美的重点。

1. 体育运动与人的社会价值

体育社会化是社会主义市场经济发展的要求,是生产力发展到一定阶段的必然结果,也是体育事业自身发展内在规律的体现。在体育运动中,人们可以通过各种活动学习了解社会,学会适应社会,使自己成为一个生动的社会角色。随着社会的发展,各行业各学科之间呈现出纵横交错、互相渗透的趋势,体育已逐渐成为最富有社会意义的事业。升国旗、奏国歌这种崇高、特殊表示胜利者荣誉的形式,唯有国际比赛中才有,它最能激发人们的情感、最能增强民族自豪感。

现代社会,体育运动已深入社会的每一个阶层,直至家庭和个人。随着社会生产力的发展和物质生活条件的改善,更多的人拿出更多的时间、精力和资金投入到发展完善自我的体育运动中去,表明体育运动正在为人们建立崇高生活目标发挥着重要的指点作用。体育活动大多是集体的对抗性的活动,在活动中人们加强了对集体、团体和家庭的信赖感和安定感。体育运动又总是在一定道德约束下进行,竞技者必须用公正竞赛、团结拼搏的体育道德规范自己的行为,并在成功与失败,荣与辱,竞争与退缩,爱情与事业,个人与祖国,乃至生与死之间选择和定位。体育不单纯是竞技,它还是一项大众性的健身、娱乐文化活动,体育能增强体质、减少疾病、延年益寿,在体育文化日益显现出迷人的魅力之后,即被越来越多的人所接受和掌握。体育作为一种将体质、意志和精神的教育有机地融为一体的综合教育手段,已成为培养全民族现代人素质的催化剂。

2. 体育运动的经济价值

在社会主义商品经济条件下,体育经济在整个社会经济中是一种社会存在,体育作为一项生产性的文化事业,既有社会效益,又有经济效益。体育经济既是社会消费性经济,又是社会生活性的经济,体育与社会经济的关系是相互的。对劳动者的培养应包括进行智力教育和身体方面教育,使劳动者具有强健的体魄,以保证劳动者有充沛精力投入生产过程,提高劳动效率。生产力的基本结构是教育和科学管理,都是以人的体力和智力的结合为基本条件的,而体育对于人的体力和智力发展、发掘具有直接作用。体育虽不直接参加物质生产,不产出社会物质产品,但劳动者因接受身体教育而强身健体、增长相关的科学知识、形成多种身体技能,首先是体育运动参与者明显受益,而后表现为社会劳动生产率的提高、产品数量的增加和质量的提高。因而,体育间接作用于物质生产过程所产生的经济效益是客观存在的,不可低估的。

3. 体育运动带给人们的精神价值

体育给人们带来的不仅是精神上的享受,也带来了创造辉煌人生价值的启示,使人感受到生命总在运动发展中。体育发挥着包括一些艺术形式不能够产生的艺术效果和魅力,它既是人类一种高级文化活动,也必然是一片人类高级情感抒发地。在体育运动中,不仅个人的情感得到宣泄和发展,也使社会得以和谐和稳定。

体育比赛紧张激烈的节奏扣人心弦,人们无时无刻不在进行着喜怒哀乐的情感交流,运动技艺的惊险性、比赛的对抗性、战术配合的准确性、稍纵即逝的偶然性、时间速度的节奏性、音响画面的艺术性,使人们欣赏到一种精彩超群的流动艺术,极大地满足了精神上的需要。

4. 体育运动的社会健康价值

在现代社会里,体育的价值以前所未有的速度增长,体育的科学性也大大提高。随着体育对人健康价值提高的同时,其内容也得到充实,过去主要用它来解决人的体质问题,后来发现许多身体的疾患来自心理,于是体育的价值便又在心理调节方面得以表现,现在又用体育来解决可能导致身心疾病的社会问题和生产方式问题。运动的作用可以代替药物,但所有的药物都不能代替运动。体育运动已成为现代人生活中不可缺少的重要内容,是健康长寿的一大法宝,养成运动能力和习惯是终身健康的投资。

健康的价值观随着体育大量介入发生了变化,人们传统的营养观也发生了变化,从以食品价格评价营养的价值观转变为以合理的膳食结构评价营养的价值观。

坚持体育运动与合理营养相结合,才能真正增强劳动者的体质,提高抵抗疾病和适应各种环境能力,使身体健壮、精力充沛,从而提高劳动生产效率。

(二)体育的功能

功能是事物所发挥的作用,体育的功能是由体育的内在因素决定的,体育的功能是固有的,它受到各种因素的制约,其中体育本身的特点是制约体育功能的决定性因素。体育的特点主要表现在强身、健体、娱乐、竞赛等方面,围绕着体育的特点,人们对体育功能的分类存在着多种看法,具有代表性的有以下三个方面。

(1)将体育的功能分为健身功能、娱乐功能、促进个体功能、社会感情功能、教育功能、政治功能和经济功能。

(2)将体育的功能分为体育的横向功能和体育的纵向功能。体育的横向功能包括体育和自然的关系与功能、体育在社会进步中的功能体现;体育的纵向功能包括生存的价值与功能、教育的价值与功能、精神的价值与功能。

(3)对体育的功能分类具有代表性的四种:第一,体育的功能分为健身、娱乐、促进个体社会化和社会感情化、教育、政治等功能;第二,体育具有个体功能和社会功能;第三,体育有增强人类改造自然的能力,促进社会发展,增强民族体质,提高国家地位,激发民族精神,丰富文化生活,调节社会各界关系等功能;第四,用效能代替功能,认为体育具有生物和社会两种效能。

体育的功能取决于体育本身的特点和社会的需要,因为体育如果不具备某种特点,就不可能在该方面起作用。同时,如果没有社会需要的刺激,体育的特点得不到发挥,同样不可能显示出它的社会功能。体育的功能是从促进社会主义物质文明和精神文明两个方面体现出来的,体育属于人类总文化的一部分,本身就是精神文明的重要组成部分。但是,从体育发展的过程来看,人们更多的是强调了体育在健身和增强体质方面所具有的功能,体育的功能被大大弱化了,不过随着体育发展对社会所产生的影响越来越广,体育在文化、精神、政治、经济等方面表现出来的作用愈加明显,因而对体育功能的探讨也更加频繁。

综上所述,现代社会中体育所产生的功能效应在不断拓宽,除了我们公认的体育具有政治、经济、教育、促进个体发展、社会感情、健身和娱乐等功能外,体育所带来的国际友好交往、共享社会资源以及创新等方面的功能都在不断加强,原有的人们对体育功能探讨领域内的功能内容也在不断拓宽,体育已成为社会不可或缺的重要组成部分。

第二节 高等学校体育的地位与目标

一、高等学校体育的地位与作用

高等学校体育是高等学校教育的重要组成部分。它与德育、智育紧密结合,肩负着为社会培养高级专门人才和发展科学技术的历史使命。高等学校体育又是国民体育的重要组成部分,是社会体育、竞技体育和终身体育的基础,是发展我国体育事业的战略重点。它对全面提高受教育者的素质,实现高等学校的培养目标,具有重要地位和积极作用。

(一)高等学校体育是素质教育的重要组成部分,是培养全面发展合格人才的一个重要方面

1999 年颁布的《中共中央、国务院关于深化教育改革,全面推进素质教育的决定》中指出:"素质教育要贯穿于从幼儿教育到高等教育的各个阶段,促进学生在德、智、体、美等方面全面发展和健康成长。"素质教育的核心是创新能力的培养。高等学校体育的特点,不仅可以健身、启智、育德,而且在培养人的创新能力方面有着特殊的重要作用。因此,高等学校体育是实施素质教育必不可少的内容与手段。

(二)高等学校体育是国民体育的基础,是发展我国体育事业的战略重点

当今世界正处于激烈的国际竞争时代。《中国教育改革和发展纲要》中明确指出:"世界范围的经济竞争、综合国力的竞争,实质上是科学技术的竞争和民族素质的竞争。"健康素质是民族素质的重要组成部分。民族体质健康的强弱,民族综合素质的优劣,关系到一个民族、一个国家的兴衰存亡。青少年体质健康水平是民族素质水平的象征和标志。青少年在校期间,正处在生长发育的关键时期和旺盛阶段,积极参加体育锻炼,不仅能有效地促进身体正常生长发育,增强体质健康,而且有利于培养体育意识,发展运动能力,为终生从事体育锻炼,维护和保持体质健康打下良好的基础。从人体遗传变异和优生学观点看,青少年这一代的体质健康水平增强了,就能从根本上改善和提高整个中华民族的健康素质。

高等学校体育可以使当代大学生受到良好的体育教育,养成体育锻炼的习惯。大学生毕业走向社会后,就可成为社会体育的骨干和指导力量,推动我国体育的普及,促进全民健身活动的开展,加速体育社会化的进程。同时,高等学校体育还肩

负为国家培养和输送体育后备人才的重任,多年来高等学校已为国家培养和输送了大量的竞技体育人才,为祖国争得了荣誉。所以说高等学校体育是国民体育的基础,是体育人才培养的摇篮。

(三)高等学校体育可丰富课余文化生活,促进校园精神文明建设

大学生在紧张学习后,需要健康、文明、愉悦、和谐的课余文化生活,以适应大学生身心健康发展的要求。体育活动能使大学校园充满活力与生机,并以其丰富多彩、形式多样的内容,吸引广大学生参与和观赏。大学生通过参与体育活动,可以发展体能、促进智能,还可以培养勇敢顽强的拼搏精神和集体主义、爱国主义、国际主义思想品质,树立正确的道德观。所以说,高等学校体育既是精神文明建设、文化建设的重要内容,又是向大学生进行思想道德品质教育的重要途径和手段。

二、高等学校体育的目标

高等学校体育的目标是指在一定时期内,高等学校体育实践所须达到的预期效果。它是高等学校体育的出发点和归宿。

我国高等学校体育的目标:增强学生体质健康,促进学生身心协调全面发展,培养和提高学生体育意识与体育能力,养成自觉参与体育锻炼的良好习惯,使其成为体魄强健的社会主义现代化建设者和接班人。它体现了高等学校体育的本质特征,反映了我国社会教育发展的要求和高等学校体育主体——大学生的需要。它直接影响和制约高等学校体育的全过程。但目标具有动态性的特点,它既有相对的稳定性,又因外部环境和内部条件变化而具有可变性。因此,根据当今高等学校体育对大学生培养的需要,现阶段我国高等学校体育效果目标主要有以下几点。

(一)全面提高学生的身体素质,增强学生体质健康

高等学校体育首要达到的效果目标就是有效地增强学生体质健康。这就需要广大高等学校体育工作必须牢固树立"以人为本,健康第一"的理念,根据当代大学生生理和心理的特点,全面提高学生身体素质,进一步促进学生身体形态、结构、生理功能和心理的发展,全面提高身体素质和身体基本活动能力,增强对自然环境的适应能力。

（二）掌握体育、健康与卫生保健的基本知识、基本技术和基本技能，养成自觉锻炼身体的习惯

通过各种体育途径，向学生进行系统的体育、健康与卫生保健基础知识教育，使他们认识高等学校体育的地位与作用，懂得锻炼身体的基本原理与方法，学会体育运动项目中所需掌握的基本技术、技能，提高学生体育、健康卫生文化素养，培养学生的体育保健、独立锻炼身体和自我评价等能力，养成经常锻炼身体的习惯，树立终身体育的思想。

（三）进行思想品德教育，提高道德素养，促进学生个性全面发展

我国教育实践证明，要培养德、智、体、美全面发展的社会主义现代化建设者和接班人，在各级教育中必须坚持把德育放在首位，并把它贯穿于学校教育的全过程中。作为高等教育重要组成部分的高校体育，也必须结合体育自身的固有特点，寓思想品德教育于体育活动之中。教育学生自觉树立为社会主义建设事业而锻炼身体的信念，培养吃苦耐劳、艰苦奋斗、团结合作、勇于奉献、朝气蓬勃、拼搏进取的优良品质，形成文明的行为方式和良好的体育作风；培养自信心、自制力和开拓创新的精神，提高鉴赏美、表现美和创造美的情感与能力，以使他们在知、情、意、行诸方面有更高层次的追求，确立文明、科学、健康的生活方式。

（四）发展大学生的体育才能，提高运动技术水平，为国家培养体育人才

高等学校在广泛开展群众活动的基础上，对部分体育基础好、专项技术水平较高或在体育方面有发展前途的学生，进行系统的体育训练，进一步提高他们的运动技术水平，使他们成为推动高校群众体育活动的骨干，并为高校体育比赛争得荣誉。同时，这也是国家发现和培养优秀体育人才的途径之一。

三、实现高等学校体育目标的基本途径和要求

（一）实现高等学校体育目标的基本途径

《学校体育工作条例》规定："学校体育工作是指导体育课教学、课外体育活动、课余体育训练和体育竞赛。"这四种基本途径虽有各自的组织形式和不同的作用，但彼此间是相互融合、相互促进的，都是为了实现高等学校体育的目标。

1. 体育课程

体育课程是我国高等学校教学计划的基本课程之一，也是高等学校体育工作

的中心环节和基本组织形式。它是有计划、有组织、有目的的教与学的过程,是学生积极学习和掌握体育科学知识、技能,发展和提高身体素质和身体基本活动能力,进行思想品德教育,培养个性的过程。因此,体育课是实现和完成高等学校体育目标的重要途径之一。

(1)有关体育课的规定。体育课是一门必修课程,要建立严格的考勤和考试制度。请事假必须有系一级的证明,请病假必须有医院开出的病假条,否则,上课不到者一律按旷课处理。学生全学期缺勤达 1/3 以上者,不予参加考试和体育成绩评定,应进行重修或补修。

(2)体育课的类型。体育课的类型是指根据体育教学任务划分的体育课的种类。通常说来,体育课可分为理论课和实践课两大类。

①理论课主要是指在室内讲授体育基本理论知识的课程。高校体育理论课一般安排在学期的开始,其内容包括体育卫生基本理论和各运动项目基本知识的理论两个方面。

②实践课是指在体育馆或运动场内进行身体练习的课程。它是按照国家统一大纲和各校根据学校具体情况制定的教学大纲和教学进度进行的。一般根据学生身体状况、体育基础专业特点、兴趣爱好、场地设备和师资条件等,设置不同的课程。

普通体育课是对身体健康、体质一般、体育基础不好的学生开设的。其主要任务是使学生系统地学习和掌握体育基本知识、技术和技能,全面提高学生身体素质,增强体质。

专项体育课是对身体健康、体质较好,对某一项目有一定爱好,并具有一定水平的学生开设的,主要任务是在全面提高身体素质的基础上,选择自己的专长运动项目进行系统的专门训练,提高其运动水平和运动成绩。

保健体育课是对身体不健康、有某种慢性疾病或身体有缺陷不宜或暂时不宜上普通和专项体育课的学生开设的。其教学内容、组织、教学方法和运动负荷量应从每个学生的实际情况和需要出发,灵活掌握。一般教学内容有卫生保健知识、太极拳(剑)、气功、保健体操等。其主要任务是通过适宜、适量的活动和练习,改善他们的健康状况,逐步增强他们的体质,一旦身体好转即可上其他类型的体育课。

2.课外体育活动

课外体育活动是体育课的补充与延伸。它是高校体育工作的重要组成部分和基本组织形式之一,也是实现和完成高校体育目标的重要环节和增强学生体质的有效措施。课外体育活动的组织形式有如下几种。

(1)早操。高校作息制度明文规定,每天早晨起床后有 20 min 的早操时间。其内容包括跑步、打拳、练单双杠、做广播操等,运动量不宜过大,以身体各关节活动开为准。通过早锻炼可使人体各种机能迅速由抑制状态到兴奋状态,精神振作,为一天的学习和工作准备良好的条件。同时,每天坚持早锻炼既有利于养成良好的生活习惯,也有利于增进健康和增强体质。

(2)课间操。课间操在上午上完两节课的休息时间内进行,时间在 10min 左右。其内容主要是做广播操、眼保健操或运动量适量的简单身体练习。它可以消除疲劳、防止近视的发生或恶化,防止身体畸形,为后两节课创造良好的精神状态。

(3)课外体育活动。课外体育课活动是利用课余时间以班、组或寝室为单位,因地制宜地组织与开展小型多样、丰富多彩的体育锻炼或比赛活动。个人也可根据爱好和需要单独进行体育锻炼。

3. 课余体育训练

课余体育训练是学校教育的一部分,也是学校体育工作的基本任务和重要组成部分。

运动队训练是课余体育训练的重要组成部分,也是培养优秀体育人才的途径之一。在普及体育运动的基础上,根据学校的具体情况,选拔体育人才,组建校体育代表队,有计划、有目的地进行系统科学的业余运动训练,提高他们的运动技术水平,积极参加校外的各种体育竞赛,为校争光。同时,还应把他们培养成品学兼优、德才兼备,成为推动高校群众体育活动广泛深入开展的骨干力量。另外,对少数确实在体育方面有发展前途的学生,应重点进行培养,为国家输送体育人才做出应有的贡献。

4. 体育竞赛

体育竞赛是指各种体育运动项目竞赛的总称。高等学校体育竞赛是高等学校体育工作的重要组成部分和基本组织形式之一,也是贯彻普及体育方针的有力措施,它分为校内和校外两种,以校内体育竞赛为主。

体育竞赛有良好的宣传、教育作用,可以鼓舞和吸引更多学生参加体育锻炼,提高他们的积极性与自觉性,推动群众体育活动的广泛开展;还可以检查教学、训练工作的质量,总结和交流经验,促进运动水平的提高,加深学生彼此间的了解与友谊,加强班与班、系与系、院与院之间的团结;也可使观众受到高尚的体育道德作风的熏陶与激励,振奋精神,增添乐趣,丰富和活跃学生课余的文化生活。因此,学校应建立与健全体育竞赛制度。在保证每年一次全校性田径运动会和多种球类竞赛外,充分发挥校团委、校学生会、校体育协会,以及各级体育组织的积极性,经常开展小型多样、丰富多彩的各种体育竞赛活动。

(二)实现高等学校体育目标的基本要求

中华人民共和国成立以来,学校体育工作在促进体育社会化、科学化,为国家培养和输送全面发展的人才,以及培养和输送大批优秀运动员方面,做出了极大的贡献,也积累了丰富的经验。认真总结带有规律性的特点,实现高校体育目标的基本要求,是非常必要的。

(1)学校体育是国民体育的基础,也是优化中华民族人口素质的重要途径。因此,学校体育工作应面向全体学生,要根据大学生心理、生理的特点和教育规律,认真贯彻普及与提高相结合的体育方针,广泛深入持久地开展体育活动。为了更加有效地增强学生体质,提高学生的健康水平,学校应拟订体育发展规划,建立健全各级体育组织和各种体育制度。

(2)学校体育工作必须与卫生保健工作密切配合,切实搞好学生体质健康检查和体质调研工作,建立学生体质健康档案,加强科学研究工作,促使体育教学、体育训练和体育竞赛更加科学化。

(3)学校体育的主要特点是学生在身体运动与智力活动中表现出惊人的精神面貌和道德情操。因此,体育必须与智育、德育相结合,力求达到一定的教学、教育和锻炼身体的综合效果。学校在拟定评选"奖学金"获得者、"三好学生""先进集体"等条例时应将体育作为一个考评项。

(4)体育场地、体育设备、器材和体育经费是开展体育活动必要的物质条件。为了保证学校体育活动的正常开展,必须增加体育基本建设的投资和体育经费,并列入学校发展的整体规划中。在目前学校教育经费比较紧张的条件下,学校应努力创造条件,达到教育部有关文件规定的场地器材配备标准,并配备专门管理人员,定期进行维修工作。

第二章　大学体育管理

学校体育是全面发展教育的重要组成部分,是培养合格的社会主义建设者的重要内容,我国的宪法和法律保障了开展学校体育工作的合法性,我国的领导人也多次强调了学校体育工作在学校教育中的地位和意义。因而,加强学校体育管理对全面贯彻我国的教育方针,提高学生的身心健康,培养全面发展的人才具有着十分重要的战略意义。

第一节　大学体育管理概述

我国的学校体育工作,从理论到实践领域,从指导思想到决策管理,从课程建设到体育课教学,从课外体育活动到课余运动训练,从师资队伍建设到场地器材配备,都取得了长足的进步和巨大的成就,也积累了丰富的经验和精神财富,为21世纪努力创建和完善具有中国特色的社会主义现代化学校体育体系,奠定了雄厚的基础。学校体育成就的取得在很大程度上归功于社会对学校体育活动开展的认识提高了,学校体育管理水平有了显著的进步。

一、学校体育发展的战略地位和管理任务

(一)学校体育发展的战略地位

根据现阶段学校体育所发挥的社会作用,其战略地位集中体现在以下三个方面。

1.学校体育是学校教育的重要组成部分

贯彻德、智、体全面发展的教育方针,是我国学校教育的要求。学校体育既是学校教育的重要内容,又是推进学校教育发展的重要手段。它不仅从理论上可以提高学生的体育认识,培养终身体育的观念,更可以培养学生的现代意识和团队精神。联合国教科文组织在对21世纪学生培养的要求方面,明确提出了学生要具备四个"学会",其中很重要的一条就是学会合作。学校体育对学生合作观念的培养恰恰是许多教育领域中的内容培养所无法体现的。

2. 学校体育是体育发展的基础和重点

《全民健身计划纲要》(以下简称《纲要》)明确指出,《纲要》内容的实施以青少年和学生为重点。这充分说明了学校体育对提高整个国家民族的素质具有重要的战略意义。学生正处于长知识、长身体的关键时期,这个时期的身体素质基础打得好不好,将关系他一生的健康。同时,学校体育又是体育运动普及和提高的重要场所,是《奥运争光计划》的重要实施地。可见,从体育工作的角度来看,抓住了学校体育,就抓住了我国体育发展的核心,是体育工作开展的主要矛盾。

3. 学校体育是学生适应社会生活的桥梁和途径

通过体育来丰富社会的文化生活,已是当今社会发展的一大热点问题,是现代社会文明的重要组成部分。学校体育不仅可以传授给学生正确的锻炼方法和锻炼内容,更可以通过体育来培养学生主动参与锻炼的意识和态度,养成终身体育的习惯,以积极的人生发展投入到社会主义建设中去。

(二)学校体育的管理任务

学校体育是全面发展教育的组成部分,要高效地开展学校体育工作必须完成以下六项基本管理任务:

(1)明确学校体育工作开展的指导思想和学校体育发展目标;

(2)为学校体育工作的开展建立高效的组织领导机构;

(3)严格遵守国家规定的学校体育工作相关的法规条文,并建立和完善学校体育工作开展的行政文件以及规章制度;

(4)坚持普及与提高相结合,开展多种形式的学校体育活动,加强学校体育科研工作的管理,优质高效地完成学校体育目标;

(5)广泛开展学校体育工作的评估,及时总结学校体育开展的工作经验,推广和吸收先进的学校体育思想;

(6)协调学校体育工作的开展与其他教育内容的结合,以实现学校教育的总体目标。

二、学校体育管理的概念和特点

(一)学校体育管理概念

对学校体育进行管理,是学校教育目标的要求,也是学校体育自身取得效益的关键,由于学校体育工作涉及的面非常广,内容众多,关系复杂,对学校体育进行管理是优化学校体育工作的必由之路。

学校体育管理是指用尽可能少的人力、物力和财力,运用最佳的手段和方法,对学校的体育工作进行计划、组织、领导、检查评价和创新的活动过程。

(二)学校体育管理的特点

1. 全面性

学校体育管理涉及的对象是多方面的:既包含了对学校体育工作开展实施者的管理,也包含了对全体受教者的管理;既要加强学校体育工作的硬件设施管理(如场地、器材等体育设施、体育经费和图书资料),又要加强学校体育工作的软件管理(体育信息、体育知识、体育文化等)。学校体育工作者不仅要完成学校体育各项内容的开展,还要承担起育人的关键任务。因此,学校体育管理要从系统的角度出发,协调好学校体育开展过程中各方面的关系,从整体的高度看待体育管理工作的重要性。

2. 区别性

由于学校体育管理工作所面临的内容较多,不同内容之间又有很大的差别,这种差别主要表现在教育对象不同、地域位置不同、教学情境不同等多方面,因而学校体育管理工作者要仔细分析,善于区别,既要着眼整体,又要善抓事物的主要矛盾。

3. 教育性

学校体育管理的核心是对人的管理,而对人的管理本身就是一个教育过程。在这个过程中,管理者首先要以身作则,肩负起教育的责任,紧抓思想教育不放松,要善于在教育的过程中运用沟通和激励。教育性是学校体育管理的一个重要特点。

4. 创新性

由于学校体育随着时代的发展本身就是一个不断完善的教育内容,这个特征也就决定了学校体育管理过程是一个创新的过程。根据学校体育思想的改革与发展,学校体育管理要不断调整管理目标,如在学校体育中以人为本的教育思想的建立,就必然要求管理的手段与方法都要从以人为本的目标出发,加强学校体育俱乐部的开发与管理就是很好的管理新举措。

三、学校体育管理的原则与方法

（一）学校体育管理原则

由于学校的体育工作在学校的各项工作中覆盖面广,层次结构复杂,同时又具有重要的社会意义,因此学校体育管理必须遵循一定的原则去开展工作,才能使学校体育管理有的放矢。学校体育管理应遵守以下四项原则。

1. 方向性原则

学校体育管理必须要坚持马克思主义理论为指导,贯彻党的教育方针,为实现学校教育总目标服务。我国的教育目标就是使学生在德、智、体、美、劳等方面都得到均衡协调发展,为社会主义建设培养合格人才。学校体育对于培养学生成为一名合格人才具有重要的战略意义,因而,学校教育工作者必须认识到学校体育的开展是教育发展方向的要求,学校体育管理也只有努力去把握这种方向性,学校体育工作才能正常有序开展,才能实现教育目标。

2. 整体性原则

学校体育管理涉及的内容较多:既要管理体育教学工作,又要管理与学校体育相关的人、财、物等要素;既要抓课中管理,又要抓课后管理;既要调动学校体育工作者对学校体育的管理,又要调动学校员工关心和投入到学校体育的开展中来。学校体育的管理对象众多,管理内容烦琐,管理任务艰巨。学校体育管理工作应从整体着眼,部分入手,统筹考虑,各方协调,以达到学校体育管理工作的整体最优化。

3. 高效性原则

建立一个高效规范的学校体育工作机制,并在这种机制的运行下去获得学校体育工作的最大效益,是管理工作规律使然,也是进行学校体育管理的最高目的。这就要求学校体育工作必须要加强计划、组织、检查和总结,保持信息渠道的畅通,重视发挥人的力量,善于沟通和调动人的积极性。

4.教育性原则

学校体育是学校教育的组成部分,学校体育管理过程应将教育理念始终贯彻到日常的学校体育工作中。这里不仅要让学生认识到开展学校体育工作的重要性,更重要的是要让学校的所有教育者认识到学校体育与培养合格人才之间的联系性,在这个管理过程中,教育起着关键的作用。

以上四项原则是相互联系的有机整体,掌握这些原则,并在实践过程中努力去贯彻和应用,就能提高学校体育科学管理的水平和效率。

(二)学校体育管理方法

1.法律方法

《中华人民共和国宪法》明确规定:"国家培养青少年儿童在德、智、体等方面全面发展。"《全民健身计划纲要》也明确规定以青少年和学生为核心来开展全民健身体育工作。我国的《体育法》中对学校体育设施的保护也做出了明确和相应的规定。由此可见,学校体育工作的开展既受到宪法和国家法律的保护,同时又受到它们的制约。

条例、标准和大纲的制定,用法律的形式明确了学校体育工作在学校教育中的地位,同时对学校体育的管理工作用法律指明了要向规范化、科学化方向去发展。

2.行政方法

行政方法是管理学校体育工作最常用、最普遍的方法之一。各级教育和体育行政部门通过向所属学校或体育教育机构下达有关学校体育工作的指令和行政法规来监督和控制学校体育工作的开展,如必须设立体育课、毕业时必须达到一定的锻炼标准要求等。围绕学校教育的目标和上级下达的指令,通过建立相关的体育工作组织机构,颁布一系列的规章制度,采用多种体育形式来保证体育工作完成既定的目标。在采用行政方法对体育工作进行管理时,管理者要充分认识到行政方法的本质就是要为体育工作做好服务,服务的效果和水平取决于体育管理者的素质和能力。因此,选拔好优秀学校体育管理工作者的任务就相当重要。

3.宣传教育方法

对学校体育工作重要性的认识在很大程度上取决于宣传和教育的力度。采用这种管理方法,不仅可以激发学生参与体育活动的热情,而且可以调动学校体育工作各方面的积极性。学校体育管理中采用宣传教育方法的主要内容体现在:培养积极进取的精神教育,树立典型示范的带动作用,培养果敢、坚毅的品质教育,提高团队精神的集体主义教育,通过观摩和身体力行参与体育竞赛进行爱国主义以及人生观和世界观的教育。

4.奖惩方法

在学校体育的管理中,表彰、奖励先进和批评、惩戒落后的方法是一种行之有效的体育管理方法,它既是对学校体育管理工作的一种评价,又推动着学校体育管理工作向着更高的目标去发展。管理工作离不开激励,它能调动人潜能的发挥,同时学校体育管理工作又是一项永无止境的管理活动,它更需要体育管理工作者以极大的热情投入,奖励先进、批评落后有助于这种热情的发挥。

第二节　大学体育的组织管理

在我国,开展学校体育工作主要在教育行政部门的领导下,由学校组织具体实施,并接受体育行政部门的指导。

一、指导学校体育工作开展的政府机构及其职责

我国对各级各类学校体育实行领导的最高政府机构是教育部中的学校体育卫生与艺术教育司,相应的各省、市、自治区的教育主管部门也设立了学校体育卫生与艺术处(科)。同时,国家体育总局群众体育司及其各省、市、自治区的体育局也对学校体育工作的开展进行协同组织与指导。

分管学校体育管理工作的政府部门的主要职责是:研究制定学校体育工作方针与政策,颁布学校体育工作条例与相应的法规制度,并督促实施、检查与评定;组织有关部门编写学校体育教学大纲和教材;进行学校体育的调查研究,推广先进的学校体育教学经验,并组织学校体育科研讨论会;组织开展校际间体育交流,扩大学校体育的影响,积极推动学校体育的竞赛与交流;开展学校体育工作的评估,并及时发现问题、解决问题;为学校体育工作者的业务培训提供良好的平台,提高学校体育工作者适应社会发展对学校体育提出的新要求和创新思维。

二、开展学校内部体育管理工作的学校体育机构及职责

明确学校体育机构的分工及其职责能够最大限度地发挥机构中各部门的潜

能,同时可以加强对部门的领导与控制,是实现学校体育目标的重要保证。学校体育的组织机构主要在学校领导的指挥下,由校体委或教研室组具体负责,学校教务处、共青团、少先队、班主任积极配合,协调一致开展学校体育活动。

(一)校长(或副校长)、高等院校的体委主任、系主任或副主任的具体职责

(1)围绕学校体育发展目标,制订学校体育工作计划,并把计划纳入全校的工作计划之中,做好学校体育工作的财务预算,明确各项学校体育工作的法律法规要求。学校体育工作计划的制订应当有严格的时间、地点、内容和考核要求,以便对学校体育的开展能很好地做到宏观控制。

(2)加强对体育教研室(组)的领导,关心体育教育工作者的身体健康和内在需求,提供体育教师培训的机会与条件,鼓励科研活动的深入开展,加强与体育教师的沟通,为他们营造一个宽松的、具有较高文化氛围的工作环境,以培养体育教师爱校爱岗、敬业进取的工作态度和精神。

(3)评估与检查体育教学活动情况,与体育教师共同探讨体育教学过程中的难点问题,摸索体育教学规律,及时表扬体育教学过程中的先进典型,并向全校推广。与此同时,动员和号召全体教职员工理解体育教学的重要性,共同推动体育教育的发展。

(二)体育教研室(组)的主要职责

体育教研室(组)是体育教学活动的具体承担者和实施者,负责对学校体育活动的全面开展。

(1)协助学校体育工作的分管领导共同制订学校体育工作计划,对学校体育开展过程中所出现的问题向领导及时反馈信息。同时制定教研室(组)的工作规范与要求。

(2)组织学习学校体育工作的各类文件精神,把学校体育工作计划落实到实处,认真贯彻体育教学大纲要求。

(3)加强对体育教师的教学过程检查,开展“一对一”互办互学活动,鼓励教师开设观摩课,引导教师努力提高教学水平。

(4)开展多种形式的学习和培训活动,为体育教师的深造提供机会,关心他们的成长。

(5)组织好早操、课间操和课外体育锻炼,积极培养体育锻炼兴趣小组或俱乐

部,推行《学校体育工作条例》和《国家体育锻炼标准》,组织好学校和校际的各种比赛。

(6)关心学生的体质健康,协同卫生部门做好学生体质检查工作,并对检查数据进行分析比较,以改进工作。

(7)加强学校体育的宣传工作,通过开办体育文化节等形式,培养学校的体育氛围,并积极发现体育骨干。

(8)协助学校积极做好各类考试中的体育加试工作,并从中发现问题和解决问题。

(9)规范管理体育器械,延长体育器械的使用寿命。

(三)体育教师的职责

体育教师的工作直接面向每一名学生,是学校体育工作中最直接、最重要的岗位,体育教师工作成绩的好坏直接关系到学校体育目标的能否实现。

(1)严格执行学校体育工作计划和各项法规文件精神。

(2)探讨和摸索教育的发展规律,钻研体育教学大纲,认真备课,不断改进教育方法。

(3)组织和辅导学生的课余体育活动,抓好运动队训练,组织好体育竞赛工作。

(4)体育教学工作要做到区别对待,关心每一位学生的成长,切实贯彻以人为本的教育理念。

(5)德高为师,学高为范。体育教师必须做到以身作则,率先垂范,做好学生的表率。

(6)加强知识培训,了解学校体育的发展动态,把最先进的学校体育思想贯彻到工作中去。

(7)积极培养体育骨干,选拔优秀的运动员,向高一层次的体育部门输送体育人才。

第三节　大学体育管理的内容

学校体育管理的具体内容主要由学校体育所开展的内容来决定的,包含体育教学工作管理、课外体育活动管理、运动训练与运动竞赛管理、学校体育科研活动管理、学生体质与健康工作管理、体育场地(场馆)和设备管理等。

一、体育教学工作管理

体育教学工作的管理一切要以最大限度地改善学生的身心健康为最高目标，要达到这样的目标，必须对体育教学工作中的主要形式体育课进行规范，保证体育课达到育人的要求。

(一)体育教学课前管理

加强体育教学课前管理，可以对体育教学过程进行事先控制，有利于体育教学工作做到有的放矢。具体内容包括：

(1)必须调查学生的兴趣、爱好、性格特征、身体健康情况以及家庭情况，摸清学生的特点，为体育教学工作的决策做准备；

(2)对体育教学的场地器材进行规划、整理，满足体育教学的最大要求；

(3)在充分调查研究的基础上，根据学校体育教学工作的要求，制订出全年教学计划、学期计划、单元教学计划和课时计划；

(4)把各项计划上报体育教研室(组)，分析各项计划的可行性，最终落实各项计划，并进行计划控制。

(二)体育教学课中管理

体育教学的课中管理，主要体现在是否严格按照课时计划来进行课中教学，达到教学目的和要求的。具体内容包括：

(1)教学常规或教学常规运用是否规范；

(2)教学组织过程的程序性如何，有没有严格的流程；

(3)场地器材的布置是否合理；

(4)对突发事件处理的预案。

(三)体育课教学质量评估

体育课教学质量的评估是体育教学管理工作非常重要的一环，它有利于调整决策思路、改善管理措施，使体育教学工作迈向新的台阶。教学质量评估与检查的形式主要有全面质量检查法和抽查法。全面质量检查法即对教学过程中的每一个环节进行考核，这些环节中包含对学校体育教学计划的理解、对各项学校体育教学法规的认识、教案撰写的科学性、体育教学组织的条理性、体育教学过程的清晰性、学生的达标情况等。抽查法是分管学校体育工作领导或体育教研室(组)对体育教学工作情况进行不定期的、随机的检查,检查内容可以是对一堂体育课的检查,也可以是对教案、教学活动过程的任一环节进行检查。无论是全面质量检查还是抽查,质量评估的目的一定要清楚,质量评估的要求要规范,应当有相对统一的评估标准,以便及时地对体育教学工作进行衡量,找出制约因素,并宣传典型榜样。

由于体育教学工作主要是通过体育课的形式来展现的,因而评价体育课上的好坏尤为关键,它直接关系到体育教学质量,评价一堂体育课教学的优劣标准应主要根据以下四个方面来制定。

1. 教学目的是否清晰,有没有体现健康第一的人本思想的要求

教学目的是体育课的教学主旨,是评价课堂质量好坏的主要尺度。一般来说,衡量一堂体育课教学是否达到目的,主要体现在课程内容安排是否符合学生的身心发展要求,以及是否把学生摆在了一个教学主体地位,发挥学生的潜能。

2. 教学的系统性强不强,有没有体现一堂课内容的完整性

教学的系统性主要指教学内容的搭配上有没有连贯性,对体育教学内容的重点与难点是否合理地融进体育教学过程,在教学组织与分工上的程序性是否符合体育课教学的节奏。

3. 教学方法运用是否恰当,有没有体现方法运用的科学性

教学方法是教学过程中各种教学方式和教学手段的总称。教学方法的运用首先要符合教学的目的,在具体的运用过程中,是否体现了方法应用的循序渐进性和多样性,学生对体育教学内容的领会是否加强,方法有没有创新性,这些都是客观的判断标准。

4. 体育课上的积极性是否体现,有没有展现体育教学过程的乐趣

体育教学是教与学的双边活动,这种活动只有充分调动体育教师和学生双方的积极性,体育教学的目的才有可能达到。这里的检查首先要看教师的精神是否饱满,积极性是否高涨,其次以学生积极性的最大限度发挥作为主要衡量依据,这里包含学生对教师的配合与协作、学生能动性的发挥、体育课表现出的学生团队精神等都是评定积极性的主要内容。

二、课外体育活动管理

课外体育活动是体育课教学的延伸,是培养学生养成终身体育习惯的一条重

要途径,是学校体育工作的重要组成部分。开展课外体育活动,不仅能够增强学生的体质,而且通过课外体育活动的开展,可以培养学生健全的人格和团结协作的团队精神,加深对体育实质的领悟,丰富生命的意义。课外体育活动的工作主要包含:广泛推广《全民健身计划纲要》《国家体育锻炼标准》等法规文件,宣传课外体育活动对培养健全学生的重要性;组织早操、课间操、体育俱乐部和其他小型多样的体育活动形式;组织校内的各种体育竞赛,包括班级赛、年级赛、表演赛、运动会等;利用橱窗、报刊、体育科研讲座宣传体育知识。

(一)广泛推广《全民健身计划纲要》和《国家体育锻炼标准》,宣传课外体育活动对培养健全学生的重要性

(1)组织领导,层层落实。从学校领导到体育教师到每一位教职员工都要学习和掌握《全民健身计划纲要》的指示精神,建立学校体育全民健身指导小组,从实际出发,制定严格的纲要计划执行措施。同时,依据《国家体育锻炼标准》,对计划活动进行合理分工,确保活动落实到每一个人身上。

(2)对《全民健身计划纲要》和《国家体育锻炼标准》实施的重要性广为宣传,让每一名学生清楚知道它们的核心理念,并切实转化为课外体育活动中的自觉行动。

(3)对《纲要》和《标准》落实的具体行动进行检查,表扬先进,批评落后。

(二)组织早操、课间操、体育俱乐部和其他小型多样的体育活动形式

早操、课间操、体育俱乐部和其他小型多样的体育活动形式是体育教学过程的有益的补充,同时也是对体育教学过程情况在实践活动中的一种检验,更能够体现校园组织文化的发展水平。著名美籍华人、诺贝尔奖获得者李远哲教授认为:"一所学校的精神面貌怎么样,学校体育搞得怎么样,到它们的操场上去看一看吧,你就能发现结果。"

1. 早操、课间操管理

青少年正处于长身体的关键时期,这个时候打下的身体质量对一生都是一个重要的基础。每天安排早操、课间操,并列入学校的作息时间,体现了我国学校体育对课外体育活动的重视。如何加强早操和课间操的管理,使早操、课间操不流于形式,真正产生效益,必须抓好以下四个方面的工作:

(1)分管学校体育领导、体育教师、班主任等要亲自到场,并带操示范;

（2）对学生出操的出勤率进行统计，并绘制出学生日、周、月和年的出勤效果统计图，以便总结、对比与分析；

（3）加强对学生的出勤率和出操的质量评比，选出日、周、月的先进典型，并对此表彰；

（4）除了国家颁布的广播体操之外，早操、课间操中还可以穿插一些符合青少年开朗、活泼特点的韵律体操、太极拳等。

2. 学校体育俱乐部管理

学校体育俱乐部是学校体育中课外体育活动的一种重要形式，它旨在提倡以人为本，充分调动学生参与课外体育活动的积极性。学校体育俱乐部通常依据学生的年龄特征、兴趣爱好，开设一些喜闻乐见的体育活动，如韵律操俱乐部、太极拳俱乐部、攀岩俱乐部、球类俱乐部、棋类俱乐部、健美俱乐部等，由于学生参加的体育活动大多符合自己的兴趣要求，因而兴致较高。学校体育俱乐部的管理应抓好以下六个方面的工作：

（1）对俱乐部活动的内容要有详细周密的计划，符合学校体育活动开展的目的；

（2）体育俱乐部应加强专人管理，并把管理绩效纳入教师的考评之中；

（3）学生参与体育俱乐部的活动情况及所取得的成绩，应作为学生评优的指标之一；

（4）注意加强体育俱乐部的活动与锻炼标准相结合；

（5）学校体育俱乐部应当作为一个宣传和提高思想品德的重要基地；

（6）场地器材的管理应以提高安全性为标准。

（三）组织好课外体育活动竞赛

课外体育活动竞赛是活跃校园气氛，发现体育人才，提高团队凝聚力，培育校园文化的课外体育活动形式。开展体育活动竞赛有利于培养学生的竞争力以及抗挫折能力，提高自信心。课外体育活动竞赛形式主要有班级对抗赛、年级对抗赛、表演赛、达标赛、全校运动会以及校际的运动会等。

课外体育活动竞赛的管理应做好以下四个方面的工作：

（1）明确运动竞赛的目的，抓好竞赛计划的编排，竞赛计划所涉及的内容应当全面，既有比赛的时间、地点、参加对象等赛事内容，也要对竞赛运动的安全、卫生、保障等方面提出具体要求；

（2）运动竞赛的组织要严密，有明确的分工与合作，并提出相应的职责要求；

（3）对竞赛中出现的突发事件，应做到预先控制，对出现的先进典型事迹应及时表扬与鼓励；

（4）运动竞赛结束之后，要及时总结经验，分析竞赛过程中出现的问题，找出差距。

（四）课外体育活动中体育知识的宣传与普及

由于体育课教学的时间非常有限，不可能花很多时间进行体育知识的宣传与普及，而课外体育活动时间恰好弥补了这一缺陷。对体育知识的宣传与普及，可以使学生了解体育现象的历史由来、优秀体育运动员的成长之路、体育精神与道德等，从不同的角度和方式对学生进行熏陶，激起学生内在的对参与体育运动的自觉性，并通过体育运动有意识地培养意志品质和合作性，促进人格的完美发展。

课外体育活动中体育知识的宣传与普及管理应做好以下四个方面的工作：

（1）明确宣传的目的，坚持正面宣传与教育；

（2）宣传工作应当有明确的计划，对宣传的地点、时间、内容每学期或每月有大致的规划；

（3）体育知识宣传与普及的方式有很多种，既可以利用宣传栏、报纸、杂志和文件，也可以开设体育知识讲座、邀请专家讲学、聘请体育记者；

（4）体育知识的宣传与普及应当坚持常规性，列入学校体育工作计划。

三、课余运动训练管理

学校体育的课余运动训练工作，是坚持普及与提高方针指引下的学校体育工作的组成部分。它不仅为国家输送优秀的体育人才打基础，同时也是活跃学生课余生活、培养体育骨干的积极举措。课余运动训练的主要对象是部分体育基础较好的学生，训练的形式是运动队。开展运动训练可以提高学生的运动技术水平，激发学生爱校、爱集体的荣誉感。在国外，特别重视学校体育运动队的培养，运动竞赛也基本上是校际的比赛。

学校课余运动训练的管理是一件十分细致的工作，管理应包含以下三个方面的内容：

1. 运动项目方向的选择

学校中的课余运动训练应根据实事求是、量力而行的原则来选择运动训练项目的方向,具体体现在:要根据现有的学校体育资源来安排,如师资情况、场地器材情况、科研水平情况等;要根据地方教育部门或体育部门关于运动训练项目的布局来安排;要依据传统项目或本校的特色项目来安排。确定运动项目开展的方向后,学校分管领导应会同上级主管部门对运动项目的开展制订计划,确定相应的法规制度、财务预算,以保障运动项目的正常开展。

2. 建立运动队,选拔教练员、运动员和其他管理人员

教练员的选拔应遵循公开竞聘的方法,把那些热爱体育事业,具有较高专业水平和道德素养的体育教师选拔出来,也可以聘请上级体育部门的专职教练员担当学校运动队的教练。运动员的选拔应依据自愿报名、班级推荐、学校选拔等方式,通过一系列的体育运动竞赛择优录用,最终录用的运动员应当是品学兼优,又有体育专长的学生。其他管理人员包括医务人员、科研人员、场地器材管理人员等,他们同样要热爱体育事业,对运动员尽最大努力去关心爱护。

3. 训练课的管理

训练课是课余运动的主要形式,对训练课的管理应包含以下内容:根据运动项目的特点、运动员的训练水平和年龄特征,制订严格的训练计划;注重运动员训练与文化学习的协调发展;基础训练应成为训练课的主要内容。

学生课余运动训练是我国运动训练管理体制的基础工程,基础工程建设的好坏将直接决定塔尖的稳定性。因此,课余运动训练无论是体系上、形式上还是内容上都要围绕着整合力量、优化资源,以产生最大的训练效益为目标来进行开展。

四、学校体育活动经费管理

学校体育活动经费是开展学校体育活动必要的物质保证,是加强学校体育管理工作基础的内部环境要求,是提高学校体育管理水平的制约因素。具体管理过程应包含以下三个方面。

(一)对全年学校体育工作的经费进行匡算,并向财务部门申报

学校全年体育工作的经费主要应包含五个部分,即根据学校体育教师和学生的人数确定的活动经费、体育发展经费、体育科研经费、运动会等大型赛事经费以

及课余运动训练经费。根据人数确定的活动经费主要指日常学校体育教学活动中保证学校体育正常运转的活动经费;体育发展经费旨在依据体育教学活动开展的需要,不断改善体育场地器材设备和增加维修的经费;体育科研经费旨在鼓励学校体育工作者深入研究体育教学领域实践,不断创新体育教学活动的专用经费;运动会等大型体育赛事一次使用涉及的经费较多,每年应做好赛事计划的经费预算,做到专款专用;课余运动训练经费主要指选材、训练所需要的费用,经费的投入是坚持学校体育普及与提高的重要保障。

(二)把体育经费纳入核定的年度教育经费预算内

财务部门会同学校领导对学校体育活动经费的匡算进行分析,对学校体育活动经费做出最终预算,并纳入学校教育经费的整体预算之中。

(三)广开财源,吸纳社会资金开展学校体育工作

除了学校教育的整体预算,学校体育活动的开展要充分与社会力量结合起来。例如,在假期或休息日,学校体育场地面向社会,收取合理的服务费用,资助学校体育教育的发展。同时,努力争取上级体育部门对学校体育开展的支持。吸纳的社会体育资金一定要进行专项管理,保证全部能够使用到学校体育开展之中,完善相应的资金使用条例。为鼓励支持公益性青少年体育活动有序开展,规范和加强中央集中彩票公益金支持体育事业专项资金资助青少年体育活动项目管理,提高资金使用效益,动员和鼓励社会力量参与青少年体育工作,推动青少年体育活动广泛、深入、持久开展,2017 年 4 月国家体育总局经研究,制定了《中央集中彩票公益金资助青少年体育活动管理办法(试行)》(以下简称《办法》)。该《办法》从资助、申报到实施与管理的全过程都给出了明确的规定,成为助推学校青少年体育活动的催化剂。

五、学校体育场地与器材设备管理

(一)学校体育场地管理

体育场地是创办学校的基本条件之一,也是开展学校体育工作的重要基础设施。在日本,从城市到乡村的所有学校均有统一的场地设施。世界上很多国家都对学校体育场地的面积要求做出了统一的规定,保障学校体育的开展。我国由于经济发展的不平衡,学校体育场地建设还很不规范,城乡差别、东西部差别依然明

显,很多学校的场地设施非常简陋,有的学校甚至还不具有任何开展体育活动的场所。

学校场地的使用应加强管理,不仅要在场地设施的规划上安排合理,同时在教学、训练和课外体育活动的使用上也要合理安排;充分挖掘体育场馆利用的潜力,同时对场地的绿化、维修、排水等设施进行定期或不定期检查,保证由专人管理,提高体育场地使用的安全性;严格遵守《体育法》中关于学校体育场地设施的管理,任何学校体育场地不得非法占用,保证学校和学生的合法权益。

（二）学校器材设备管理

有效管理的关键是分工明确、职责到位,有利于工作的检查与评估。对学校体育器材设备的管理一定要落实岗位责任制,对体育器材的使用情况做到每日检查,认真核对。制定体育器材使用损耗表,对所有体育器材固定资产进行登记、编号、分类,严格进出手续,保持账目、登记卡、物品始终相符,保证体育器材的使用能产生最大效益。

六、学生体质与健康管理

调研结果显示,在学生体质健康状况总体有所改善的同时,也存在一些问题,主要有:大学生身体素质继续呈现下降趋势;视力不良检出率居高不下,继续呈现低龄化倾向;肥胖检出率持续上升。为此,继续做好学生体质与健康管理工作尤为重要。

（一）明确目标,正确决策

学生体质与健康状况是学校教育工作的一件大事,因而它与学校的每一位教育者都有很强的联系性,每一个人都承担着改善学生体质状况的责任。只有认清这一点,才能够去正确收集信息、选择最佳方案开展学校的体质健康工程建设。

（二）建立组织,定期检查

学生的体质与健康工作应由学校主管校长（或分管副校长）领导,由体育教研（组）会同保健科（室）在各班主任的协助下定期进行。一般在新生入学与毕业时,都应进行全面测定。体质测试有三方面的内容:一是身体形态的检测,包括体格的生长状况、身体形态的比例是否协调以及体重状况等;二是身体机能的检测,包括心律、血压、呼吸量等新陈代谢功能;三是运动能力的素质检测,包括速度、力量、耐力、灵敏、柔韧等方面的素质检测。

（三）建立学生健康档案

健康档案能够反映出一名学生体质的发展情况，进行存档有助于分析学生的体质健康发展规律。建立学生健康档案，就是对所测的各项数据进行分类和统计，并把结果记录在一张完整的卡片上，有明确的检测日期和系统连贯性。

（四）分析研究，提出改进措施

在检测的基础上，对全校学生的体质数据进行总体分析，并绘制健康图表。根据图表资料进行纵向和横向的比较，找出差距，提出改进措施。

七、学校体育科研管理

在以往的学校体育科研中，更多的是把科研任务放在高等院校之中，近年来，随着学校体育师资力量的提高，在中小学中进行体育教学的研究也纷纷兴起，体育教学科研目前已普遍作为学校体育工作的组成部分，根据确定的课题给予适当的经费，并把科研任务作为教师的考核指标。加强学校体育科研的管理应包含以下四个方面。

（一）组织领导，广泛发动

摆正学校体育科研的地位，首先要学校领导重视。广泛动员体育教职员工投入体育教学科研当中，把创新理念贯穿到体育教学的每一个环节，将教学研究当作一名教师应有的本职工作。

（二）认真落实，形式多样

教学研究的目标在于增强学生的体质，培养健全人格的社会主义建设者。因而，教学研究内容应丰富多样，既可以在教学方法、教学内容上开展探讨，也可以结合体育的社会化、生活化特征，学校体育如何与社会接轨等方面进行研究；既可以通过定期召开学校体育论文报告会的形式展现研究成果，也可以向上级科研组织申请课题，报送论文，在体育学术刊物上发表论文。在教学科研的组织工作方面，应当由分管学校体育领导或科研处长以及体育教研组长共同管理，指派专人负责，把体育科研工作纳入学校体育工作计划，同时为体育教师的科研工作创造条件。

（三）认真检查，鼓励先进

体育教学科研工作是一项艰辛的工作，加强这方面的管理应根据教师的各项成果数量和贡献大小进行分值累加,对科研工作的先进者授予荣誉称号和进行物质奖励,并作为该教师晋升职称的条件。

(四)加强区域合作,共同提高体育教学科研工作

对于同一地域的中小学或高校之间,要加强学术合作,共享教学科研资源。同一地域的高校体育教师就可以与中小学教师间进行科研上的交流与帮助,中小学的体育教学工作者从事教学研究时也可借助高校先进的仪器设备条件,联合开展教学研究。同时,可以成立区域性的科研小组,挂靠在地方教育部门或体育部门中,亦可挂靠在某一所学校中。

第三章　大学运动训练管理

　　运动训练是指运动员在教练员的指导下,为不断取得优异的运动成绩,促使运动员身心全面发展的一个教育过程。运动训练教育目标的复杂性以及自身的特点,要使这样一个系统体现它的高效运转,多出人才,出好人才,就必须要对它实施科学的管理,分析运动训练管理的客观规律性,找到运动训练管理各因素间的最佳结合点。

　　运动训练管理涉及多方面的因素,这个过程既包含运动训练组织结构的合理性、运动员的身心与发展,也包括运动训练中的教练员素质,场地、器材与设备管理等。协调好这些方面的内容,并把握好管理的核心与外围,就能够不断提高运动训练成绩,提高运动训练管理的效益性。

　　本章主要阐述运动训练管理要素,运动训练管理过程和运动训练管理体制等内容,初步掌握运动训练的管理特征及要点,领会运动训练管理的概念和内涵。

第一节　运动训练管理的概念

一、运动训练管理概念与组成要素

(一)运动训练管理概念

　　针对运动训练管理的概念,我国体育领域众多的专家学者在探讨运动训练管理的过程中,都给它下过明确的定义。

　　(1)武汉体育学院孙汉超教授认为,运动训练管理是指管理者遵循运动训练的客观规律,运用有效的手段和方法,为不断提高功效,实现训练工作目标,而对运动训练系统进行计划、组织、控制、协调的综合活动过程。

　　(2)运动训练管理旨在遵循运动训练的客观规律,紧密围绕运动训练的过程,不断改进运动训练的组织方法和工作方法,为提高运动训练水平服务。

　　(3)运动训练管理就是指管理者遵循运动训练的客观规律,运用有效的方法和手段,对运动训练系统进行计划、组织、控制、协调,以不断提高效率,实现运动训练目标的综合活动过程。

(4)运动训练管理就是对运动训练中的个体动机、训练设备、运作过程、法律和信息技术等方面进行管理的过程。

综观以上关于运动训练管理常见的观点和概念,我们认为运动训练管理是指在运动训练组织中,为了实现运动训练的预期目标,以教练员和运动员为核心,所进行的各种协调活动。从这个定义上看,运动训练管理应包含以下含义:

(1)运动训练的管理过程必然要产生于运动训练管理的组织之中,运动训练组织为管理提供了可能;

(2)运动训练管理的目的就是要完成运动训练过程中的预期目标;

(3)运动训练管理的本质就是对影响运动训练管理的各种复杂因素进行协调;

(4)运动训练管理协调的核心是教练员与运动员;

(5)运动训练管理协调的方式是多种多样的。

(二)运动训练管理的要素

遵循管理不可缺少的组成要素,运动训练管理的五个要素如下。

1. 人

管理学原理告诉我们,人是管理的核心要素,抓住了核心要素,很多问题就会迎刃而解。运动训练管理最终要体现在优秀运动成绩这一目标的取得,而优秀的运动成绩又来自高水平、高素质的优秀运动队,一支优秀的运动队离不开教练员、运动员、心理医生、保健医生、科研人员、行政管理人员、训练设备管理人员、文化教员等,其中最重要的是教练员、运动员和科研人员。

2. 财

运动训练的正常开展,离不开经费的保障。对经费进行合理预算、开支,并采用积极的手段进行融资和筹措资金,是运动训练管理的一个基本组成部分,尤其是现代高科技与训练的结合日趋紧密,对运动训练的合理投资是支撑运动训练管理走向科学化的重要砝码。

3. 物

运动训练管理中的物,主要表现在运动训练的设备,如运动场馆、运动器材等,也包括一些科研仪器和装备,现代运动训练的一个重要特征表现在运动训练装备的科学化与现代化,这些科学化的设施需要投入大量的资金,如果不能合理充分地使用,浪费必然是巨大的。

4. 时间

运动训练管理的时间往往是同效率联系在一起的,现代运动训练的发展与提高正在成几何倍数向前推进,比赛的周期越来越短,而成绩的要求越来越高,保证运动训练管理出水平、出效益,时间的管理是一个很重要的制约因素。

5. 信息

科学技术的高速发展,要求运动训练能时刻把握最前沿的发展动态,而这最主要取决于对信息的接收与分析,掌握第一手信息,是运动训练现代化的发展要求,是运动训练紧跟世界先进水平的推进器,运动训练的管理与信息掌握息息相关。

运动训练管理除了人、财、物、时间、信息等要素之外,还应当包括相应的运动训练的目标、任务、政策和组织结构等。

二、运动训练中人的管理

管理学原理告诉我们,人是管理的核心因素,从梅奥的行为关系理论开始,以人为本的思想成了管理学研究的重点。评价管理水平的高低,最主要的标志是看人的潜力在多大程度上得以发挥。

运动训练管理中的核心因素是教练员与运动员,任何训练管理制度与措施只有落实到教练员与运动员的身上,并通过教练员与运动员的创造与表现,运动训练的管理效果才能体现,才能最终实现运动训练管理的目标。

(一)运动训练管理中的教练员

运动训练过程中,运动员优异成绩的取得寄托于优秀教练员卓越的带队能力。教练员的配备对优异运动成绩的取得有着非常重要的影响。有的专家指出,一个国家能培养多少世界冠军,首先在于他们能够拥有多少个具有世界水平的教练员。因此,必须选择合适的教练员来担任运动训练的管理工作,那么,怎样才算是合适的教练员呢?这就需要讨论教练员必须具备的素质,即我们应根据哪些标准去选拔教练员?

在具体讨论教练员的选拔标准之前,有必要作两点说明。

(1)由于不同的运动训练层次和运动训练对象的水平不同,要求不同层次的教练员具备不同的知识和技能,因此,要列出一个适合各个层次教练员的标准条件是非常困难的,甚至是不可能的。

(2)选聘教练员的主要依据是贡献还是能力? 由于这两者并不总是一致的,个人对组织的贡献并不仅仅取决于自己的能力,还要受到自身以外的许多其他因素的影响,因此,我们选择了后者。那么,不依成员对组织的贡献程度来提升教练员是否意味着对贡献者的不公平呢? 我们认为不是的。对成员贡献的补偿主要是分配中的报酬,特别是给予物质方面的报酬。当然,贡献的大小有时也是能力高低的一种标志,如果某名教练员不仅为运动训练的发展提供了特殊贡献,而且在提供贡献的过程中充实了工作技能和知识,能够胜任更高层次的训练工作,那么这种特殊贡献应该成为予以提拔的补充依据。

不同训练管理层次的管理业务工作是不同的,但其本质特征则是一样的,即组织和协调运动员的学习与训练、制订训练计划、选拔优秀的运动员等。因此,对不同层次教练员的具体要求中可以辨别出一些相同的方面。

1. 选配教练员应具有的基本素质

(1)教练员需要有强烈的管理欲望。强烈的管理欲望是教练员有效开展管理工作的前提。担任管理工作意味:对某些人来说,它意味着在组织中取得较高的地位、名声以及与之相适应的报酬,但对更多的成功的教练员来说,它意味着可以利用制度赋予的权力来组织和协调运动员的训练与比赛,意味着通过运动员的训练与比赛来实现自己制定的、符合组织发展的目标,并从中获得心理上的满足感。毋庸讳言,管理意味着对权力的应用。对权力不感兴趣的人,当然不会负责任地有效地使用权力,从而难以借此获得积极的效果。

(2)教练员需要有正直的品质。正直的品质是每个人都应具有的基本品质,运动训练过程中的教练员尤其如此。由于当今担任教练员职务具有相当大的职权,而运动训练过程中,对教练员权力的使用往往难以进行严密、细致、及时、有效的监督,所以权力能否正确运用在很大程度上要取决于教练员的良知。教练员不仅是一名管理者,更是一名教育者。因而,教练员必须是道德高尚的,值得运动员信赖的,必须具有正直的品质。正直,意味着对上不曲意逢迎,不拍马屁,敢于提出自己的观点,指出上级的错误;正直,意味着诚实地总结和汇报工作,不虚报成绩,不隐瞒缺点;正直,意味着对每一位运动员都一视同仁,不拉帮派,不分亲疏,不搞"顺我者昌、逆我者亡",在评价运动员的学习、训练、比赛和生活时,有一套客观的公正的标准,而不是根据个人喜乐好恶;正直,意味着脚踏实地地工作,而不是为了哗众取宠,搭花架子,做表面文章。总之,正直意味着很多内容,应该成为教练员的基本品质。教练员缺乏了这种品质,就可能涣散人心。当然,只有正直的品质而无工作的能力,不能成为合格的教练员,然而,有能力而不正直的教练员,则可能给运动训练造成巨大的损失。

(3)教练员需要有冒险的精神。管理的任务不仅在于执行上级的命令,维持系统的运转,而且要在组织系统或部门的工作中不断创新,只有不断创新,组织才能充满生机,才能不断地发展。同样道理,作为一名教练员,在运动训练的过程中,除了执行上级下达的训练和比赛指标,还要不断地使训练的组织和过程创新,特别是当今运动训练的水平在不断提高,运动训练的创新意识也在增强,一名教练员不会创新,不懂得掌握先进的科学训练理论与方法,要不了多久,就有可能被教练员的岗位所淘汰,而创新意味着打破原有机制的束缚,做以前没有做过的事,没有现成的程序或规律可循。因此,既有成功的可能,也有失败的风险,且往往是,希望取得的成功越大,需要冒的风险也就越多。因此,要创新,就要敢于冒险,富有冒险精神,应该是作为所有教练员的共同要求。

(4)教练员要有决策的能力。美国著名的管理学家、经济学家,诺贝尔奖获得者西蒙给管理下的定义是:管理就是决策。教练员作为运动训练的管理者,不仅要安排和计划自己的工作,而且更重要的是要组织和协调运动员以及围绕运动训练管理的其他人员的工作。教练员在训练组织的过程中要进行一系列决策:未来一段时期训练与比赛的安排?在何地进行训练?要参加哪些种类的比赛?哪些选手参加比赛?训练和比赛中出现意外情况该如何解决?等等。管理的过程中充满着决策,因此掌握一定的决策能力对教练员来说是非常重要的。当然,拥有决策的能力,并不一定要求每位教练员都能娴熟地运用决策的定量与定性方法,但至少必须具备分析问题的能力和果断采取措施的魄力。他们必须能够敏锐地洞察事物的发展与变化,善于捕捉信息,发现问题,能够透过现象抓住本质,判断问题的性质,预估事物的发展趋势;必须能够在基本把握事物变化的脉络以后,在教练组成员制定并比较了多种解决问题的可行方案的基础上,迅速果断地做出选择。成功的教练员通常是在别人还犹豫不决的情况下做出决策、采取行动的。

(5)教练员要有沟通的技能。教练员要理解运动员,理解围绕运动训练管理工作的其他人员,也需要运动员和其他工作人员理解自己。运动队组织成员间的相互理解是组织成功的重要保证。理解要借助信息的沟通来完成。信息沟通是在说和听的过程中来实现的。教练员只有充分地听和艺术地说,来正确理解上级的意图,认清组织的任务与目标,制定正确的落实措施,或巧妙地提出自己的不同意见,争取上级领导的认同。同时,也要通过娴熟地用听与说的技巧,准确地表达自己的意思,部署运动训练的工作,并充分地聆听运动员或其他管理工作人员的倾诉,了解运动员的运动、学习和生活情况,从而协调好他们的活动。

2. 选配教练员所应具有的专业素质

(1)强烈的事业心和高度的责任感。强烈的事业心和高度的责任感,是事业成功不可缺少的政治思想基础,也是我国运动训练发展对教练员提出的一种专业要求。纵观我国优秀教练员的成功路径,强烈的事业心和高度的责任感总是与"成功"两字形影不离的。它集中表现在教练员必须要具备坚定的信念、吃苦耐劳的精神和诲人不倦的教育者风范。

(2)合理的知识结构。教练员应具备怎样一个专业知识结构,不同时期、不同训练发展水平对教练员要求的知识结构可能不一致。20世纪80年代以前,由于科技发展的制约,运动训练的水平普遍低下,教练员知识结构中的经验含量成分较高,而科技含量明显不足。建立在运动训练发展初期的以经验为主构成的知识结构,显然不能满足当今运动训练发展的要求,建立一个合理的教练员专业知识结构,成了现代运动训练领域讨论的一个热点话题。

我国运动训练管理方面的研究专家孙汉超教授认为,由于运动训练迄今为止仍然主要是一种生物改造和生物适应的过程,因此,运动训练学和体育生物学的科学知识必然成为教练员知识结构的核心和主体。另一方面,运动训练的对象是人,而人兼有其生物属性和社会属性两个方面的特点,因此马克思主义哲学、体育教育学、体育社会学等社会科学知识在教练员的知识结构中也占有重要地位。

以上关于教练员合理知识结构掌握程度的区分,为教练员形成运动训练合理的知识结构,提供了知识掌握的方向。显然,以上学科知识不可能完全包含一名优秀教练员所应具有的完整知识,在运动训练发展的过程中,很多知识还需要进行融合与交叉。作为一名教练员,也不需要对所有的学科知识去熟练掌握,关键在于如何去把握好知识的侧重点。

(3)完善的专业能力结构。教练员完善的专业能力应区别于其管理方面的基本素质,虽然专业能力会影响到管理能力的体现,但专业能力还是有其明显的专业特点。教练员的专业能力结构应表现在以下四个方面。

教学能力——技、战术的讲解清晰易懂，技、战术的重点与难点能够准确区分，能较好地控制运动训练过程的节奏，善于辨别运动员的运动状态，并能够给运动员提供相应的保护能力和运动恢复措施。

认知能力——这是衡量当今优秀教练员的一个很重要标准。能够正确地感知和把握信息，不断地学习和充实自己，有较强的自学与逻辑分析能力。

创新能力——运动成绩一次又一次的飞跃，世界竞技体育运动发展的每一台阶都包含着艰苦的创新活动。竞技体育是最能体现创新水准的，这种创新对教练员来说包含的内容很广泛，既有计划创新、组织创新，也有运动训练的方法创新、动作创新、编排创新等。

评价能力——在教练员的能力体现当中，懂得评价是很重要的一环。评价能够及时发现问题，找出问题的症结，从而赢得解决问题的时间，保证运动员在需要体现成绩时能够表现出最佳竞技状态。

3. 教练员的管理

以上分析表明，选拔教练员是一项复杂而艰巨的工程，它直接影响着运动训练开展的质量问题，关系到运动员的选拔和运动成绩取得的大计问题。但由于我国教练员的培养工作一直落后于体育形势的发展，培养体系尚不健全，教练员自身提高意识也不强，因此，面对竞技运动水平的快速发展，竞技运动的科学化日益提高的现实条件下，建设一支高质量的教练员队伍，是提高我国运动训练科学化水平的当务之急。

我国当前的教练员队伍良莠不齐，在对教练员的管理当中应完成以下管理任务。

（1）确定教练员的工作标准。工作标准化的制定是科学管理的重要标志，美国管理学家泰罗正是凭借他对工作标准化的研究，揭开了现代科学管理的序幕。尽管泰罗时代工作标准化的制定还存在着很多缺陷，但我们无法否认标准化对现代管理的推动与促进作用。同样道理，没有工作标准就无法衡量教练员的工作业绩，就失去了对教练员的监控。对教练员工作标准的制定主要是从工作业绩、制度、考核等方面去制定标准，如工作业绩，对优秀运动队的教练员来说，运动成绩就是最主要的工作标准，而对基层各业余运动队来说，输送运动员的质量与数量就是主要的标准等。

（2）加强对教练员的培训。信息时代一个重要的变化就是知识更新的加速，教练员知识更新的手段除了教练员自身在教学训练当中钻研运动训练的业务知识，总结运动训练的经验之外，对教练员实行短期或中期、脱产或半脱产的业务培训，是教练员开阔视野、迅速与高水平的运动训练科学化接轨的一个重要途径。完全靠教练员自身去摸索、自学，毕竟所花时间太多，而且事倍功半，教练员的定期业务培训，在世界各国都是常用的作为提高教练员指导水平、掌握运动训练最新信息、共享资源利用的最佳手段和方式。

国家对教练员进行岗位培训，明确要求培训要取得实际的效果，要完成一系列的任务，即：充分理解和明确岗位培训的指导思想；开展岗位培训要有严格的计划与步骤；凡在职教练员都必须参加相应级别的岗位培训；教练员持教练员岗位培训合格证申报任职、晋升制度。

（3）教练员工作的考核与晋升。教练员的素质是运动训练活动能否提高效率，带来效益的决定因素。教练员对于体育事业的成功犹如管理人员对于企业的成功一样同等重要，因此，在运动训练的过程中，对教练员的考核也应该像对其他的物力资源和财力资源一样，有规律地定期进行盘点，列出教练员在训练过程中的优缺点，以利于提高运动训练组织体系的优化。

对教练员进行考评，是为了了解教练员队伍的基本情况，为一系列具体的工作提供服务。其目的性主要表现在如下三个方面。

①为教练员确定工作报酬提供依据。教练员的工作报酬必须与教练员的工作能力和贡献结合起来，打破以前的"大锅饭"分配制度，这是当今运动训练发展过程中分配的一条重要原则，也是鼓励教练员脱颖而出的促进措施。

②为教练员人事调整提供依据。有的教练员在选聘时所表现出的曾令人留下深刻印象的工作能力，但在实际的教练管理工作中并未能得到充分证实。相反，另一些教练员在工作过程中素质和能力不断得到提高，表现出强烈的岗位责任意识，并试图努力证明自己是一名有能力和有水平的教练员，能担负起更高层次的教练工作。由于诸如此类的原因，对教练员的考评必须根据其在工作中的实际表现，实行能下能上的良性用人机制。

③为教练员的培训提供依据。教练员的社会阶层、文化背景、过去经历以及受教育程度等因素决定了他们在具备一定优秀素质的同时，也存在着某些方面的素质缺陷。这些素质缺陷影响了他们管理技能的提高，对他们现在的工作效率或未

来的提升机会构成了不同程度的障碍。这些缺陷往往是由于教练员在教练的过程中缺少了学习和训练的机会而形成的,因此通过国家对教练员的培训来消除和改善这些缺陷。

通过对教练员的测评,可以帮助运动训练管理组织了解和发现每个教练员的优势、局限、内在潜力,因而能够指导运动训练的管理组织针对教练员队伍的现状来制定相应的培训与发展规划。

在教练员考评的内容上,国家体育总局关于《体育教练员职务条例》反映出了教练员在职务和晋升上的一些要求与特点。明确了以业绩为主,全面衡量教练员的任职条件。在实际过程中,对教练员进行业务考核,我们认为主要根据两个方面进行考评,即贡献考评和能力考评。

①贡献考评。贡献考评是指考核和评估教练员在一定时期内对实现训练目标的贡献程度,即评价和对比运动训练组织对教练员所要求提供的贡献与教练员所提供的实际贡献。贡献往往是努力程度和能力强度的函数,因此贡献考评可以成为决定教练员报酬和职务晋升评定的重要依据。贡献考评既是对下属的考评,也是对上级的考评。贡献考评是考核和评价具体的教练员对组织目标实现的贡献程度,而教练员对组织的贡献往往是根据组织的要求来提供的。因此,只有在被考评时期开始之前,组织(上级)对每个部门和管理岗位的工作规定具体的目标和要求,考评才可以进行。否则,不仅使教练员不能了解努力的方向,从而不能提供有效的贡献,而且使考评失去了可观的标准。在这种情况下,教练员不能提供积极贡献的原因不在他们自己,而在上级。所以,对教练员的贡献的考评也是对上级进行考评,考评上级组织教练员工作的能力。

②能力考评。贡献虽可在一定程度上反映管理人员的工作能力,但不仅仅取决于贡献,因为能力的大小与贡献的多少并不存在严格的一一对应关系。所以,为了有效地指导运动训练组织中教练员的人事调整或培训以及职称晋升等,还须对教练员的能力进行考评。

教练员的能力考评是指通过考察教练员在一定时期内的教练和管理工作,评估他们的现实能力和发展潜力,即分析他们是否符合现任教练员岗位职务所具备的要求,素质和能力是否有所提高,能否担任更重要的教练员岗位等。

由于教练员的决策能力、沟通能力、创新能力等,在很多情况下,只是一些抽象的概念,用这些未加细分的笼统的、甚至模糊的概念来对教练员进行能力考评,势必会增加考评的难度,往往会最终流于形式。那么,怎样才能得到真实、可靠和客观的能力考评结论呢? 美国管理学家孔茨等人认为,在这样的条件下,应该根据组织对管理人员的基本要求,借助管理学的知识,将管理工作进行分类,然后用一系列具体的问题说明每项工作,来考评管理人员在从事这些工作中所表现出的能力。

因此,我们在考评教练员时,如为了考评他们制订计划的能力,可以提出诸如以下的问题:他是否为运动队制定了与组织目标有明确关系的可考核的长期、中期和短期目标? 他是否严格按照组织的政策相应地去制定决策的内容,并确保运动员的严格执行? 他是否定期检查和评价运动训练计划的执行情况,以确保运动训练的过程与组织的要求相一致? 再如,考评教练员的组织能力,可以提出以下问题:他对运动员的职责和任务有没有明确的要求? 该如何确保运动员能正确理解并迅速贯彻教练意图的措施何在? 他是否建立了必要的运动训练信息反馈制度? 他是否给了运动员充分的信任并挖掘他们最大的潜力?

根据对教练员的工作要求来进行能力考评,不仅具有方便可行、能够保证得到可观结论的好处,而且可以促使教练员在自己的日常工作中,根据组织的期望注意改进和完善自己在运动训练过程中的方法和艺术,从而促进教练员管理能力的发展。

(二)运动训练管理中的运动员

运动员是运动训练的主体,运动训练管理的成果,最终要通过运动员精神面貌的展示,运动成绩的取得作为评价运动训练管理成效的重要参数。因而美国著名管理学家彼得·德鲁克教授提出,管理是一种以绩效责任为基础的专业职能。绩效与专业是运动训练管理的两个重要特点。对运动员进行管理主要表现在运动员的选配、运动员的思想教育、运动员的流动机制、运动员的训练补贴发放和运动员退役后的安置问题。

1.运动员的选配

运动员的合理选配是保证我国竞技体育有序发展,奥运争光计划顺利实施的重要途径。运动员选配合理,既可以促进运动训练科学化的尽快体现,又可以使运动训练向着集约化方向去发展。在运动员的选配过程中,必须考虑在未来一定时期内,随着竞技体育的发展运动员所应配备的规模数量。这个规模数量应包含我国运动员在各种大型的国际国内赛事中对参赛运动员数量的要求及其发展趋势,在这个发展趋势中,既包含了运动员层次结构合理的比例关系,又包含了不同项目运动员需求的合理比例。在运动员层次结构的比例关系上,有关专家研究表明,不同层次运动员的拥有量一般表现为基础较大,随着层次的上升,运动员数量呈减少的趋势。

有关统计表明,我国竞技体育运动员的配置现状呈金字塔型,一、二、三线运动员比例约为1∶3.5∶20,这说明我国运动员人数的比例较为合理、后备人才充足。

2. 运动员的思想教育

我国的体育要在社会主义现代化建设中发挥这样的功能,必须高度重视运动员队伍全面素质,尤其是思想素质的提高。同样,作为我国体育人才的重要组成部分,竞技体育运动员的素质高低、质量优劣将直接关系到我国竞技体育的发展及可持续性。

在竞技体育运动员的培养上必须牢固树立大人才观、全面发展的观念,教他们学会做人、怎样做人,从而把运动员培养成为社会有用的合格人才,尤其是运动员三线的后备人才队伍,更要抓住他们思想教育的启蒙特征,塑造具有较高政治觉悟、正确的人生观和价值观的优秀人才。

在运动员的思想教育过程中,为将这种培养落到实处,将三线队伍的运动员融入普通教育中去不失为一种好的途径。思想教育是一个长期的过程,要常抓不懈,据有关统计报道,运动员的犯罪率在不断上升,这与平时运动训练过程中,对运动员的教育,成绩重于思想的结果。在运动员思想教育的过程中,可以通过树立典型、形势教育、亲身实践等多种方式去开展活动,使运动员在想中学、学中练、练中比,同时加强运动队发展中的组织文化,提高组织文化的水准。

3. 运动员的流动机制

运动员的流动是实现运动员队伍优化组合,提高运动训练工作的效益和成材率的必要条件,同时也是促进运动员自身自觉提高运动技术水平,提高内在压力的外界动力条件。通过引进、转会、培训交流等多种方式迅速提高本国的运动技术水平,也是世界范围内人才流动的一种潮流。

竞技体育发展的重要标志就是运动员能够在重大的赛事中争金夺银,而争金夺银的前提条件就是具有争金夺银实力的优秀运动员多和少的问题,尤其是具有影响性的一些集体项目,更需要产生大量的优秀运动员。

运动员合理的人才流动,是体育界具有战略意义的重大问题,它关系到了国民的心理需求、运动员自身的进步与发展、运动训练水平整体效率的提高诸多问题。目前,我国体育事业的发展和体育人才的分布还很不平衡,运动员流动体制尚不健全,人为设置的流动壁垒还较大,运动员的流动在东部地区显得非常活跃,而在西部等省市却相对较平静。

运动员的合理流动必须遵循一系列基本原则,所采用合理的方法是指走上规范化的道路。在运动员的流动上,我们还要加强与国际接轨,通过"送出去、引进来"的方针,使优秀运动员进行国际化交流,吸收发达国家先进的训练理念,来带动国内相对比较薄弱的运动项目运动员间的学习,提高竞争性。

4.运动员退役后的安置与管理

妥善安置退役的优秀运动员,是加强队伍建设,鼓励运动员在训练时提高积极性,勇攀世界体育高峰的保障机制。优秀运动员退役后的分配问题是目前困难的问题之一,但有时是不得不解决的问题。

在优秀运动员退役的安置上,目前有以下四种途径。

(1)择优安排进教练员队伍,然后再安排教练员岗位培训,使之符合教练员的要求。目前,在我国教练员队伍中,有经验、素质高的教练员比例还不高,对于优秀运动员退役后,他们本身就具有了高水平运动训练的亲身感受,在辅之以教练科学的学习,能够较快地适应做一名教练的要求。

(2)推荐报考高等学校深造。对于具有高中毕业或同等学历文化程度,思想政治品德好,在国内外重大比赛中取得较突出成绩(按照规定和要求)的优秀运动员,经由本人申请,所在省、市、自治区体育局推荐,高等学校单独考试或考查,经省、市、自治区招生办批准,可以纳入普通高等学校招生计划,入校学习,学习专业可以拓宽。

(3)根据条件规定,择优录用为干部编制。对于在国内外重大比赛中获得突出成绩,具有高中文化程度,政治思想组织好,身体健康,有一定工作能力的优秀运动员,在落实接收单位和工作岗位后,可办理转干手续,按干部分配工作。

(4)对不具备升学条件和录用干部条件的优秀运动员,则按工人分配工作。

5.运动员的训练津贴发放

运动员所从事的工作其实就是一种职业,而这种职业又不同于一般职业的特点,这是由运动训练的特征决定的。其表现在:他们是从亿万青少年中挑选出来的优秀体育人才,他们把自己的青春年华贡献给了国家的体育事业,他们失去了许多同龄人所应享有的正常学习、玩乐,同时,由于运动训练具有运动员早发现、早培养的特点,很多运动员很早就投入专业的运动训练之中,在这一过程中,为了尽可能地保持较长时期的最佳竞技状态,他们必须承受大量的运动训练,压力、竞争、伤病以及运动成绩取得的风险和未来就业的风险等,都是运动员必须面临的现实问题。因此,在运动训练过程中,对运动员实行体育津贴发放是管理过程中必须重视的问题,它将会影响到运动训练的质量问题。

在运动员体育津贴的发放上,我国的专家学者认为,体育津贴应当由三部分组成,即运动成绩津贴、训练津贴和运龄津贴。运动成绩津贴,是为了鼓励运动员在比赛中创造优异的运动成绩而设立的,是体现按劳分配原则的主要内容,在体育津贴制构成中占55%。运动成绩津贴标准,根据运动员在省、全国、亚洲和世界比赛中所获得的运动成绩确定,按照奥运会项目和非奥运会项目各类比赛的不同获奖名次,将运动成绩津贴划分为若干等,每等又设立若干级别。训练津贴以运动员入队时间在队中的表现和技术水平为依据,将训练津贴分若干等级,等级越高级差越大。运龄津贴是按运动员的运动年限确定的津贴标准,在体育津贴制构成中占5%。运龄津贴以运动员入队时间长短为依据,设立不同数额的运龄津贴标准,运龄越长,每年增加的运龄津贴额越多。对做出突出体育贡献的运动员还应当设立突出贡献津贴。

运动员体育津贴的发放,应当是一个不断改革与完善的过程,特别是随着社会生活水平的提高,物价的上涨,运动员的工资待遇也应有一定程度的相应提高。这里还有一个特殊情况,就是职业体育在逐步走向深入,作为职业体育运动员,他们的工资待遇情况主要隶属于他们所代表的单位或部门根据他们的实际贡献发放,如果出现了工资待遇发放的不合理问题,运动员完全可以拿起法律的武器来维护自己的权利。

(三)运动训练管理中的其他人员

运动训练管理中的其他人员,主要是指为运动训练提供服务与保障的人员。这些人员包括运动队中领队、科研人员、医务人员、膳食人员以及训练设备保障、场地维修与保管人员;如果是基层业余体校、传统体育学校、一般体育学校,还包括学校领导、文化课教师、班主任等。

在运动队的管理中,领队主要辅佐好教练员的工作,对运动员进行思想教育、文化课的学习和监督,同时加强党团工作,发挥运动队组织文化的建设水平,增强运动队组织的核心凝聚力,为运动队的训练创造一个宽松、良好的人文环境。

科研人员主要收集运动训练科学化的最新信息,运用生理学、生物化学、运动医学、解剖学、生物力学、组织行为学、体育管理学等学科对运动训练过程中运动员所出现的各项指标进行分析、对比,并把分析的结果呈报给教练员,以此达到教练员在训练过程中能够很好地控制运动训练的进程,完成运动训练的目标。邓小平同志曾经说过:"科学技术是第一生产力",未来的运动训练,科研水平的高低将决定运动训练的发展。

医务人员主要负责运动员的医务监督和医治运动创伤,运用现代医学理论,帮助运动员积极地恢复身体和心理疲劳,保证运动员能够以良好的身体和积极的心态投入到运动训练中去。膳食人员主要负责运动员伙食的营养搭配,按照科学的食物营养配方,保持运动员有良好的体能,由于运动训练是一个艰苦的心智和体力劳动过程,需要付出巨大的体能消耗,及时进补,能够为运动训练的高水平发展创造条件。

训练设备保障与场地维修人员也是运动训练管理中一支重要组成人员,他们的主要职责在于购置、保养与维修训练设备与场地,为保证教练员和运动员在每次训练课之前做好训练的准备工作。

以上运动训练中所有人员管理,应该有明确的主、副责任制和各项工作的制度标准,便于定期或不定期地对他们的工作进行考核,及时发现问题,纠正偏差,以利于最优化地保证训练目标的完成。

三、运动项目管理

在运动训练的管理过程中,如何对当今运动竞赛的众多项目进行科学化的管理,也是一个必须面对的现实问题。解决这个问题的依据主要四点:第一,为运动训练的科学化提供依据,我国运动训练专家田麦久教授创立的"项群理论",就是根据运动项目的特点,进行合理的分类,为运动训练提供了新的视角;第二,运动项目的合理分类管理,可以为人们提供对项目管理的重心认识,把握好项目管理孰重孰轻、孰大孰小,为我国运动训练发展目标的实现提供依据;第三,对运动项目的管理,可以更好地使项目布局合理化,发挥项目地域设置的最大功能,避免重复交叉与浪费;第四,对运动项目进行管理,就能发现管理体制中存在的弊端,对运动项目管理体制进行大胆改革,提高运动项目管理的水平。

(1)为运动训练的科学化提供依据。对运动项目进行管理,可以为构造项群训练理论的科学体系创造条件,总结我国优势运动项目运动训练的基本规律,探讨我国攻坚运动项目目前存在的问题,归纳现代运动训练方法与手段的应用。

(2)运动项目的分类合理管理,可以根据运动项目在国际、国内大赛中的地位和重要性,进行合理投入,突出奥运项目、兼顾非奥运项目,形成运动项目管理的层次性,保证国家给予重点运动项目在政策上、资金上和人员上的扶持。

(3)加强对运动项目的管理,可以是运动项目布局合理化,发挥项目地域设置的最大功能。譬如,湖南的体操项目有着良好的基础条件,把体操项目的后备人才培训的重心放在湖南不失为一个好的举措;又如,辽宁、云南两省的中长跑、江苏、浙江的羽毛球项目等,这些项目可以充分利用地域环境的优势,发挥项目人员选拔和基础设施的先天良好条件,对于促进运动项目的合理化发展有着关键的作用。

(4)对运动项目进行专项管理,可以促进运动项目发展资源的优化配置。长期以来,我国运动项目的管理体制,基本上是由体育行政部门进行直接的管理,这种管理在一定时期曾发挥了它的巨大作用,但随着市场经济在我国的确立,运动项目自身的功能必须要得到开发,运动项目发展的社会化趋势增强。协会制是国际上特别是体育发达国家对运动项目管理通常采用的做法。协会制虽属事业单位,但与以前的事业单位又有所不同:第一,这些事业单位负责协会的管理工作,通过协会对整个项目实施纵向管理;第二,这些事业单位在一定时期内兼有某些行政职能;第三,这些事业单位与基地实行有机的结合。

第二节　运动训练管理过程

运动训练管理过程,是一个包含了运动员从选拔到成材,其中涉及了培养、教育、医疗、保险、财务等众多因素共同作用的管理过程。这个过程的目标就是要使经科学选拔的运动员,通过教练员和其他相关管理人员的精心培养,最终创造出优异运动成绩,成为一名优秀运动员。

一、运动训练管理过程模式系统

(一)运动训练管理过程模式系统特点

运动训练管理过程模式本身应该是一个优化的系统,符合系统发展的特点,即具有整体性、动态性、开放性和环境适应性的特点。

1.整体性

整体性是指运动训练管理过程模式系统要素之间相互关系及要素与系统之间的关系以整体为主进行协调,局部服从整体,使整体效果为最优。实际上,就是从整体着眼,部分着手,统筹考虑,各方协调,达到整体的最优化。

从系统功能的整体性来说,系统功能不等于要素功能的简单相加,往往要大于各部分功能之和,即"整体大于各个孤立部分的总和"。这里的大于,不仅指数量上大,而是指在各部分组成一个系统后,产生了总体的功能,即系统的功能。这种总体功能的产生是一种质变,它的功能大大超过了各部分功能的总和。

在现实运动训练过程管理中,经常可以看到在运动训练的系统中,重局部、轻全局,特别是局部之间的不协调、互相扯皮,从而损害了全局利益的事情时有发生。譬如,忽视运动员后备力量的培养,急功近利,运动员流动过程中的种种障碍性,等等。

2.动态性

运动训练过程模式系统作为一个运动着的有机体,其稳定状态是相对的,运动状态则是绝对的。系统不仅作为一个功能实体而存在,还作为一种运动而存在。运动训练管理过程模式系统内部的联系就是一种运动,系统与环境的相互作用也是一种运动。系统的功能是时间的函数,因为不论是系统要素的状态和功能,还是环境的状态或联系的状态都是在变化的。运动是系统的生命。例如,运动训练是体育运动发展的一个子系统,它为了适应全球体育运动的高速发展,必须不断完善运动训练管理系统的功能,而运动训练管理内部各子系统的功能及其相互关系也必须随之相应地发展变化。运动训练的方法、运动训练的组织、管理体制、规章制度都具有鲜明的时限性。

3.开放性

热力学第二定律表明,封闭系统由于热力学的作用,其熵将逐渐增大,活力逐步减少。任何有机系统都是耗散结构系统,系统只有与外界不断地发生联系,才能维持其生命。运动训练管理过程模式系统同样也是一个与外界环境不断进行着物质、能量、信息交换的系统。我国的运动训练水平整体不高,其重要原因在运动训练的过程管理水平较低,对从开放的环境中汲取的能量、信息还不足。

4.环境适应性

系统都不是孤立存在的,它必然要与周围事物发生各种各样的联系,这些与系统发生联系的周围事物的全体,就是系统的环境,环境也是一个更高级的大系统。如果系统对环境能够保持最佳适应状态,说明这个系统是一个充满活力的理想系统。但反过来,系统对环境又是具有能动作用的。作为一个优秀的运动训练管理过程系统,没有条件,可以创造条件,环境不好,可以改变环境,最终实现运动训练的目标。比如,我国竞技体育中跳水、体操等项目为什么能够一直称霸于世界,关键在于这些项目在运动训练的管理过程中,不仅能够很好地适应环境,而且能够创新性地改造环境。

(二)我国的运动训练管理过程模式系统

运动训练管理过程的模式主要表现为运动训练管理过程中的一个流程问题,这个流程包含了由管理部门制定运动员的培养目标,并提供相应的资金、设备,由教练员组织实施并按照培养目标进行控制,以期达到或实现培养目标的管理过程。

二、衡量运动训练管理模式中的各项指标

根据我国体育管理专家对训练过程指标的分析,应主要包含三类指标:运动成绩指标、训练成功率指标和经费投入指标。

(一)成绩指标

成绩指标是最能体现目标管理的一项指标,直接的表现就是运动员在各类大赛上所得的名次。像奥运会这样大型的比赛,各国所获得金牌数,往往用来说明该国运动训练管理过程的科学化水准。因而,我国各级体育管理部门通常用金牌数来衡量教练员的成绩,同时也衡量体育行政管理人员的政绩。但这并不科学,我国的体育管理专家认为:科学的运动成绩指标应该由以下各项指标进行综合评定:

(1)名次指标。这种指标计算方法,是根据比赛名次和所获金牌数的均等性来衡量的。

(2)名次增长幅度指标。名次增长幅度指标=(本年度名次指标-上年度名次指标)/上年度名次指标。

(3)球类比赛成功率指标。球类比赛成功率=本年度胜球总场数/本年度比赛总场数。

(4)球类比赛成功率增长指标。球类比赛成功率增长指标=(本年度球类比赛成功率指标-上年度球类比赛成功率指标)/本年度该指标。

(二)淘汰率、成功率指标

淘汰率与成功率指标是衡量目标质量的一项指标。淘汰率、成功率一般规定为三种：年淘汰率、几年内的总淘汰率和几年内的平均淘汰率。衡量这些指标应综合来看，如果只看到其中的一种指标，匆忙下结论，就无法反映训练过程的真实情况。

(三)训练成材率指标

成材率指标同样是衡量运动训练优劣的重要指标之一。所谓成材率，是指初级训练单位向上级训练部门输送的运动员数量与该队运动员之间的比率关系。成材率高，可以作为评定训练方法的先进性、管理绩效的突出性的重要标志。

第三节　运动训练管理体制

运动训练管理体制是指运动训练管理过程中运动训练组织机构的设置、责任与权限的划分以及保证组织系统运行制度的总称。上述这个概念，主要阐明了运动训练机构设置的特征、机构设置中责、权、利的划分与匹配以及保障运动训练组织系统正常运转的政策、法规和各种制度的总和。

一、运动训练管理体制的特征

任何一个国家只有找到了适合本国竞技体育发展的运动训练管理体制，这个国家的竞技体育运动水平才会提高，围绕竞技体育发展的各项管理工作才能理顺。任何一个国家，其运动训练管理体制总是要符合以下三个特征。

1. 客观存在性

一个国家开展竞技体育活动，必定有这个国家竞技体育活动开展的组织系统，必定有人来组织和协调这个系统的正常运转,也就是说,运动训练管理体制是伴随着竞技体育运动开展的客观存在。

2. 层次性

运动训练管理体制的层次性主要体现在组织机构设置的上下衔接性,保证运动训练过程的完整性。

3. 时代发展性

运动训练管理体制的运转,从纵向来看,它必须符合一个国家政治、经济、科技发展的要求;从横向来看,它必须跟国际体育运动发展的趋势接轨。因此,运动训练管理体制的时代发展性要求决定了其体制的优劣性。

二、我国运动训练的管理体制结构

我国运动训练管理体制一直以来是我国体育界从事体育管理工作者孜孜以求、不断探讨的一个问题。中华人民共和国成立以来,我国的体育工作是在"举国体制"的方针下来开展的,"举国体制"的特征体现在运动训练管理体制上,就是要按照全国"思想一盘棋,组织一条龙,训练一贯制"来开展我国的运动训练管理工作。应该说,这种运动训练管理体制,是社会主义的优越性在竞技体育上的集中体现,为我国体育运动发展水平的迅速提高,体育运动走出"一穷二白"的局面立下了汗马功劳。进入21世纪后,中国竞技体育成绩始终保持在奥运会金牌榜的前三位,竞技体育训练体制发挥了巨大的作用。

我国的运动训练管理体制结构,从层次上看,它分为三层。最底层形成了我国运动训练在全国的一个巨大的网络面。这个网络面中,主要包含了最基层的运动训练管理对象,即普通学校中的中小学代表队、业余训练队、体育传统项目学校等,这是我国运动员培养的摇篮基地。这个层次的主要任务是选拔有体育天分的学生,进行较为系统的课余运动训练,打好体育运动的基础。我国运动训练管理体制的中间层是向专业训练过渡的一个重要层次,这个层次的任务在于开始向运动训练专业人才的方向去培养,并担负起为国家输送优秀的体育后备人才。这个层次的对象主要包括竞技体育运动学校、体育中学、重点业余体校、国家定点的体育项目学校等。我国运动训练管理体制的最高层是代表着我国最高运动训练水平的运动员,这个层次的主要任务就是培养运动员在国际、国内大赛中创造优异的运动成绩。最高层次的对象主要包括:国家各中心集训队成员,省、市代表队成员,行业体协代表队成员。

我国运动训练管理体制由基层到高层形成了紧密的三层训练网,这三层训练网的训练体制保证了我国运动员输送的衔接性,对人才培养的可预测性,以及基层和中层运动训练培养的明确目标性。

三、我国运动训练管理体制的优势特征

我国三层训练网的运动训练管理体制,在我国运动训练的发展中起到了举足轻重的作用。这证明我国运动训练的管理体制在过去很长一段时间里是符合我国国情的。以三层运动训练网构成形式的我国运动训练管理体制最明显的优势表现如下。

(1)这个管理体制,由于底座大,所包含的运动训练单位形式多元化,因而符合管理体制的社会最大包容性特征,这种包容性是我国的竞技体育在发展过程不断认识和不断总结的成果。

(2)我国的运动训练管理体制可以充分预见运动训练发展过程中运动员发展数量的变化、运动训练资源的配备情况,以便做到及时评估与控制,提高了决策的质量。

(3)我国各级训练管理体制的紧密衔接性,决定了各层次之间分工的明确性、职责和任务的确定性,出了问题,容易判断是哪一个层次上的问题。

(4)我国运动训练管理体制的完整统一性,保证了"思想一盘棋、组织一条龙、训练一贯制"方针的落实。

四、我国运动训练管理体制的创新点

再好的运动训练管理体制,随着社会政治、经济体制的变革,它也必然具有随时代发展的特征。运动是绝对的,发展是硬道理。

我国运动训练管理体制改革的内容、方向和发展过程是围绕经济体制改革的前进方向来展开的。马克思主义原理告诉我们,社会存在决定社会意识,经济基础决定上层建筑,在整个社会中,以不同经济方式赖以存在的经济体制是整个人类社会存在的基础。基础性的事物往往也是起决定性的事物,它们的发展与变化方向决定着其他事物的发展变化方向,它所具有的内容性质决定其他方面内容的性质。

首先,在运动训练管理体制的改革与发展中,要着重抓好运动训练管理体制改革创新与经济体制改革的关系;其次,任何事物的发展有其自身发展的规律性,运动训练管理体制也必须遵循运动训练管理规律来建立和开展。

我国运动训练管理体制创新的着眼点在于运动训练资源的合理配置。运动训练资源的配置可以有三种形式:一种是完全在计划的条件下来配置资源;一种是完全依托市场来进行调控资源的配置;还有一种就是把以上两种体制形式融合起来,形成互补。很明显,在今天的社会发展过程中,第一种形式,弊多利少;第二种形式,弊少利多;而第三种形式才是我国运动训练管理体制改革的创新点。

今后,在我国运动训练管理体制的发展过程中,一方面要依靠市场的价格机制、供求机制和竞争机制来盘活资源和更新资源,优化配置,提高资源的利用效率;另一方面要采取有效的法律和行政手段进行干预和指导,规范市场行为,使国家意志在竞技体育中得到高度体现。

第四章 大学体育教学管理概述

研究现代体育教学管理理论,有助于提高对现代体育教学管理的总体认知,并对现代体育教学管理实践提供科学的理论指导,不断促进现代体育教学管理的科学化。本章主要就现代体育教学管理的构成与原理、现代体育教学管理的方法,以及现代体育教学管理的组织机构进行了详细分析,以为构建现代体育教学管理科学理论体系奠定良好的知识基础,也为现代体育教学管理实践提供必要的理论指导。

第一节 体育教学管理的概念

一、体育教学管理的概念

体育教学管理是一项系统的、综合性的工作,是具有一定的管理权力的组织和个人对体育教学的人、财、物、信息和时间等方面进行的综合性的管理。具体而言,其管理包括控制、监督、组织、协调、计划等方面。

现代体育教学管理是一个系统的过程,并且其工作内容也涵盖了体育事业的各个方面。体育教学管理是一项综合性的活动,其各个子系统与体育管理总目标保持着一定的一致性。在体育教学管理过程中,各个系统之间是相互影响、相互制约的关系,共同促进了体育教学管理总体目标的实现。

在学校体育教学管理的不同阶段中,计划是对学校体育工作的设计与决定;实施是将学校体育组织或部门中的人、财、物、事加以组合去执行计划,是学校体育教学管理过程的中心环节;检查是对学校体育计划的执行状况监督和检查;总结是对一个阶段内的学校体育工作的分析和研究,它既是对前一阶段计划、实施、检查的分析与评价,又是下一阶段管理活动的依据和基础。学校体育教学管理过程的四个阶段之间既具有紧密的连续性,又是相对独立的,它们之间相互联系、相互促进,并按照基本固定的次序,形成一个闭合的、有反馈回路的循环系统,即一个完整的学校体育教学管理周期。

二、体育教学管理系统构成

学校作为一个管理系统,其各项体育工作的进行离不开各部门的相互配合,这些部门协同合作才组成了一个运转正常、高效的管理系统。学校体育管理系统主要包括学校体育运动委员会、院系体育运动分会、体育教学部、学生工作处、校医务室、校学生会体育部、院系学生会体育部等。这里简单介绍以下几种。

(一)学校体育运动委员会

学校体育运动委员会负责主持全校体育工作。体育教学部、学生工作处、院系负责学生工作的负责人和医务室校医等人员构成学校体育运动委员会的成员。学校体育运动委员会在各院系下设体育运动分会,分会领导由院系负责学生工作的领导担任,并由专人负责。

学校体育运动委员会的主要管理职责是定期召开全校体育工作会议,研究体育工作,制订年度体育计划,并对上述工作进行督促、检查、落实。在管理权限方面,学校体育运动委员会责成体育教学部执行全校各项体育工作任务,并要求各院系体育运动分会积极开展本院系学生的体育活动。学生工作处及下属学生会体育部积极配合体育教学部和各院系体育运动分会开展各项体育活动。

(二)院系体育运动分会

院系体育运动分会是学校体育运动委员会的下属管理机构,它直接受学校体育运动委员会的领导。它可以使院系学生会体育部的作用得到充分发挥,并充分调动学生参与体育活动的积极性。

院系体育运动分会的主要管理职责是通过对本院系特点的分析与考虑,在本院系开展体育工作。完成学校制订的年度体育工作计划,还要做到年初有计划,年中有项目,年末有总结,执行有措施,完成有成果。

院系体育运动分会可以参加全校体育活动,也可以在院系之间、年级之间、专业之间或者班级之间开展各种体育活动。

(三)体育教学部

学校体育教学部是学校专门从事体育工作的管理部门,由分管体育工作的校领导直接领导。学校体育教学部是学校体育运动委员会的参谋部,也是落实学校体育运动委员会年度工作计划的执行部。

1. 体育教学部的领导构成

一个部门的领导班子一般情况下是历史自然形成的,也有在特殊情况下组成的。各学校可以结合自身情况选择具体的领导构成,一般来说,体育教学部应设置党支部书记 1 人、主任 1 人,副主任根据需要配备,施行主任负责制,第一责任人是教学部主任。体育教学部的领导应注意合理搭配,以发挥领导团体的最佳功能,具体来说,应该突现出以下特点。

(1)年龄方面:老中青搭配,使领导班子既有丰富的经验又保持优良的传统,还具有朝气蓬勃的青春活力和新时代的气息,后继有人。

(2)性别方面:在充分考虑体育师资队伍的现状和工作需要的基础上进行性别搭配。

(3)知识结构方面:领导班子成员最好毕业于不同的学校,这样领导具有多元化的知识结构,从而使应付复杂的工作更加容易,小团体行为得到杜绝。

(4)体育项目方面:领导班子成员最好来自不同的体育项目,这样有利于从各个不同的角度研究问题,达到集思广益的效果。

(5)个人素质方面:领导班子成员能认真学习掌握各级文件精神,政策观念强;能准确掌握上级的精神实质,坚定不移地执行上级指示;能跟踪体育课程教学管理信息,调整改革思路,完善工作方法;能保持继续学习的习惯,随时掌握新的知识和技术,提高宏观指导的能力;灵活性强,能具体情况具体分析;善于和各种不同类型的人打交道,特别是善于和曾经反对过自己而被实践证明错了的人打交道。

(6)团体构成方面:主要负责人应德高望重,有能服众的知识水平;有保持前进方向的政策水平;有把握改革成功的坚强实力等,其他成员各负其责、鼎力相助,党政同心协力,从而共同完成工作任务。

2. 体育教学部的内设机构

(1)体育教学部下设办公室:体育教学部设主任 1 人,副主任多人,各分管一部分工作,日常事务由办公室负责。体育教师数量少的学校适合采用这种形式。

(2)体育教学部下设教研室:体育教学部下设课堂教学教研室、群体活动教研室、训练竞赛教研室,甚至还可按项目分类、按教学的年级分组等。设教研室,教师可以按各自从事的工作划归相应的教研室,工作专一,针对性强,便于教研室内部进行教学研究。体育教师数量多的学校适合采用这种组织机构方式。

3.体育教学部的师资结构

体育教师是体育教学部的重要成员,他们所从事的工作呈多元化,业务分割,人员不分割,对体育教师的要求是业务全面,一专多能,能满足学校各项体育工作的需要,一般是呈梯次、互补、实用型的复合结构,主要考虑的因素有年龄、性别、项目、知识、职称等。

(1)年龄方面:最好由老、中、青年的教师构成,年龄呈梯队层次。

(2)性别方面:教师性别比率与学生性别比率应保持基本相等。

(3)项目方面:教师队伍中有田径、体操、篮球、排球、乒乓球、足球、羽毛球、健美操、体育舞蹈、传统武术、跆拳道、散打、游泳等多个体育项目的专业人员。

(4)知识方面:教师从不同的院校毕业,知识结构呈互补型。

(5)职称方面:合理的师资队伍构成应是有助教、讲师、副教授、正教授等多种职称人才,并搭配合理。

4.体育教学部的管理内容

根据工作性质,体育教学部的业务范围大致可分为课堂教学管理、群体活动管理、训练竞赛管理、体育科研管理及保障以上四项工作顺利展开的体育场地器材管理,具体如下。

(1)课堂教学管理:课堂教学管理是学校体育管理工作的中心。课堂教学一般在正课时间进行,能够充分保证安排时间、师资、场地、器材。在课堂教学中,集中教学是主要采用的形式,通过这种形式的教学,学生的身体教育更加科学系统,学生也能够掌握几项体育锻炼手段,总之通过课堂教学,使学生更加热爱体育运动、积极参加体育活动,使学生的身心得到健康发展。

(2)群体活动管理:群体活动管理是学校体育管理工作的主要组成部分,是课堂教学的延伸和发展,其主要表现形式为早操、课间操和课外体育活动。长期的思考问题,学生的大脑会产生疲劳,通过群体活动的合理分布以及脑力与体力活动的交叉搭配,这种疲劳就会得到有效缓解。经常参加群体活动,通过体育锻炼,学生可以获得健壮的体魄和旺盛的精力,从而为紧张而繁重学业的完成提供基础。通过参加群体活动,学生也可以完成课堂教学布置的作业,掌握课堂教学传授的知识,同时,可以养成经常参加体育锻炼的良好习惯。

(3)训练竞赛管理:良好的训练竞赛管理可以提高学生的运动技术水平。训练竞赛是指学校对少数有体育特长的学生进行科学的训练。学生在训练竞赛中取得优异成绩,可以为学校获得良好的知名度,并以此激励普通学生参加体育锻炼,最终达到全体学生健身的目的。

(4)体育科研管理:体育科研管理是学校体育工作可持续发展的良性循环链中不可或缺的重要一环。体育科研是体育教师的一项基础工作,对提升体育教师知识层次和完善体育教师知识结构有着重要作用。书写体育科学论文、完成体育科研课题、编纂体育教材和撰写专著等是体育科研的主要表现形式。通过利用多学科知识对体育活动和运动规律进行深入地研究探讨,学校体育课程教学可以更加合理和完善,从而实现学生、教师、学校和社会的共同发展。

(5)体育场地器材管理:体育场地器材管理是学校体育工作完成的保证。在学校各部门中,体育运动场馆、器材是学校"形象工程"的重要部分。体育场地和器材涉及学生能否在进行体育锻炼时保证卫生和安全;体育场地器材后勤保障时效性强,这些都是体育场地器材的管理呈现出的特点。总的来说,体育场地器材的管理应力争做到体育场地器材美观、及时、安全、卫生、实用、耐久。

(四)学生体育部

学生体育部是学校体育活动的生力军,学生体育部的工作应该接受学生工作处、学生会的领导,由体育教学部进行指导。学生体育部的主要管理职责是协助体育教学部完成学校各项体育工作,在体育教学部的指导下,开展学生感兴趣的、健康的、丰富多彩的课外活动,丰富学生的业余文化生活。

1.学生体育部的成员结构

学生体育部每年都需要换届,但任何一届学生体育部的成员构成都应该保证体育工作的延续性,满足学生工作处工作的需要和体育教学部工作的需求。在成员构成方面应满足以下特点。

(1)年龄方面:呈阶梯状,这是从可持续发展方面进行的考虑。

(2)性别方面:充分考虑男女性别的搭配,尤其是女生多的学校,性别搭配更应具有合理性,这样在体育活动中才能充分考虑女生的需要。

(3)项目方面:学生体育干部的构成要充分考虑各项体育活动的开展,不能局限于某一两个运动项目。

（4）主体构成：以老一届学生体育部为主，以便于对新一届学生体育干部起到传、帮、带的作用。同时广泛吸收体育活动积极分子，学生体育部新成员应该热爱体育运动，积极参加体育运动，并有一定的体育运动和组织能力。

2. 学生体育干部的工作内容

学生体育干部包括校学生会体育部干部、院系学生会体育部干部、年级体育干事、班体育委员四个层次。各分部门的工作具体可分为以下四部分。

（1）对各院系学生体育部工作进行指导、督促、协调。校学生会体育部负责对各院系学生会体育部进行指导、督促和协调。指导的范围包括年初有计划、有项目，年中有措施、有检查，年末有总结。校学生会体育部在时间、场地、器材的占用上要配合体育教学部协调好各院系学生会体育部的工作。

各院系学生会体育部在校学生会体育部的指导下，搞好本院系的各项体育活动，包括本院系自己组织的体育活动、参加学校组织的各项体育活动、与其他院系广泛开展的各种形式的体育交流活动。

（2）协助体育教学部做好各项体育工作。①协助体育教学部完成训练竞赛工作。学生会体育部应对学校体育代表队的成长进行关心，熟悉校代表队年度竞赛计划；组织训练学校体育竞赛啦啦队，在校代表队比赛时前往摇旗呐喊助威；利用单项体育协会坚持经常性活动的优势，作为校体育代表队的后备力量，在有竞赛任务时可随时通过选拔组队参赛。

②与体育教学部积极配合组织学生群体体育活动。学生会体育部应对学校年度或学期的竞赛计划了解熟悉；与体育教学部保持经常的联系，参与竞赛活动的筹备、组织、裁判工作；在每项竞赛活动开始之前召集各院系学生体育干部布置与竞赛有关的运动员选拔、报名、训练、后勤及有组织地参加比赛等事宜。

③帮助教师完成课堂教学工作。对于学校体育课堂教学的开设项目，学生会体育部可以广泛征求学生的意见，及时反映给体育教学部；在课堂教学过程中，学生体育干部应主动协助体育教师工作。

（3）开展学生感兴趣的体育活动。广泛开展学生感兴趣的体育活动可以使学生体育部的作用得到充分发挥，开展工作时围绕学生感兴趣的体育项目，能弥补学校体育竞赛活动有限的情况，有助于提高学生的体育文化素养，丰富学生的业余文化生活。此外，学生体育干部在各项体育活动中也可以增长才干。

（4）组织、管理好学生体育协会。学生体育协会是体育教学部提供业务指导，提供场地和部分器材,学生自己管理自己的组织机构。学生会体育部可以成立单项体育协会或俱乐部,充分利用学生的兴趣爱好开展丰富多彩的体育活动。

(五)学生体育协会

学生体育协会,又称体育俱乐部、课外活动小组、兴趣小组,它是由学生体育爱好者构成的团体。学生体育协会的主要管理职责是给学生中的体育爱好者提供展示自己的舞台,并通过该组织使体育技术与技能得到传授,传播体育文化;通过体育爱好者的活动使他们周围的学生受到影响,从而培养广大学生的体育兴趣与爱好,提高广大学生参与体育活动的积极性与热情。

1. 学生体育协会的组织形式

学生体育协会由学生自行组织,自愿参加,自己管理,由若干个单项体育协会组成,可以设学生体育协会总会,由学生会体育部行使总会的职能管理各个单项协会。学生体育总会设会长 1 名,副会长多名,下设活动部、宣传部、外联部、培训部,协调各单项协会的工作。

体育协会必须有自己的协会章程,以保证学校体育协会的严肃性和可持续发展。学生参加协会应该以完全自愿为原则,遵守协会章程,履行入会手续,交纳入会会费,并积极参加协会的各项体育活动。

2. 学生体育协会的活动形式

学生体育协会一般以自己组织活动为主,自己组织培训、练习与比赛。此外,组织对外友谊比赛,参与组织校内体育竞赛活动也是学生体育协会主要的活动形式之一。

3. 学生体育协会与体育教学部的关系

体育教学部与学生体育协会关系密切。一方面,体育教学部要为学生各项体育协会配备指导教师,体育教学部可以通过选项课课堂教学、学生单项体育协会活动、学生体育协会内的体育特长生训练等形式对学生进行业务指导和训练,提高学生的体育技术技能和身体素质。另一方面,学生体育协会也要经常将学生的需求向体育教学部汇报,及时寻求体育教师的指导,并协助体育教学部完成各项具体的工作。

三、体育教学管理构成要素

学校体育管理系统是一个复杂的系统,它主要有三个构成要素,即学校体育管理的主体、对象、手段等。具体如下。

（一）管理主体

学校体育管理的主体主要是指在学校体育管理系统中承担管理职能的人（体育教学管理者）或组织（体育教学管理机构）。

1. 学校体育管理者

学校内部的基层管理者和校外的中上层领导者，他们在管理活动中处于主导地位，负责制订计划、组织实施、指导检查等工作。在学校体育管理系统中，学校体育管理者个体素质以及他们组合起来的管理机构的集体素质对学校体育的发展影响重大。

2. 学校体育管理机构

由学校管理者构成的管理机构，包括校外的各级教育、体育部门所设的宏观管理学校体育工作的机构。这些管理机构行使管理权。

（二）管理对象

体育教学管理的对象是体育教学管理活动的承受者，是管理的主要方面，主要包括以下五个方面。

（1）人：作为被管理者的人主要是基层学校体育工作的操作者。

（2）财：学校体育经费。对财进行管理，合理使用体育经费，提高经济效益是其根本目的所在。

（3）物：包括体育经费、场馆、器材设备等在内的学校体育物资设备，加强对物的管理，有利于提高物的使用率。

（4）时间：时间管理的主要目的是在尽可能短的时间内，办更多的事。

（5）信息：信息是管理工作的命脉，指学校体育工作需要的信息。

（三）管理手段

体育教学管理的手段是管理者为实现体育教学管理目标所采取的方法和措施。它是体育教学管理活动赖以进行的条件和方式，其主要包括法规方式、行政方式、经济方式、宣传教育方式等。

四、体育教学管理的基本原理

(一)人本原理

1. 人本原理概述

人本原理,顾名思义,就是以人为本的原理。在任何一个管理系统中,人都是活动的主体,而管理所发挥的重要作用是最大限度地调动人的主观能动性。根据管理实践证明,若一个组织能充分调动人的积极性,使人的主动性、能动性都得到较好发挥,那么这个组织的管理效益实现得也好。因此,在管理过程中,创造一个好的环境,充分发挥人的各方面能力是管理所要解决的核心问题。

人本原理就是强调在管理实践中要把人放在第一位,突出人的作用,提高管理效益。在管理中,人既是管理的主体,同时也是管理的客体。根据主客体划分,可将人分为管理者与被管理者。做好人的工作是现代管理工作的关键;充分调动人的主观能动性与创造性是实现管理目标的关键。

体育教育事业本应是最大限度激发人才能的一项事业。体育教育管理的最终目标是把这种人的能量最大限度地发挥出来,所以体育教育管理所遵守的原理与一般的管理原理是一致的。体育教育系统的大目标实现也是如此,所以坚持人本原理是体育教育工作的一项重要工作。

2. 人本原理在体育教学管理中的应用

在体育教学中保证科学管理和体现“以人为本”,必须遵循人本原理的实施原则,人本原理的相关原则主要包括能级原则、激励原则、动力原则,具体如下。

(1)能级原则。“能级”,是现代管理中十分重要的概念。“能”是指人的能力大小;“级”是指管理体系和管理结构的设置要体现不同的层次和工作内容。“能级”是一个现代物理学中的概念,能是做功的量。在现代管理中,机构、法和人都有一个能量问题,能量大小就可以分级,高能级办高能级的事,低能级办低能级的事,做到能级对应,这就是能级对应原则。贯彻能级对应原则,尤其要注意人的能级对应。人的能力有大小,要根据人的能力水平安排相应的能级(职位等)工作,才能适得其所,各尽其能。

(2)激励原则。所谓管理的激励原则是指对组织中成员的多种行为进行科学的分析,激发其动机,最大限度地调动各类人员的积极性。在现代管理中,激励手段的有效运用,不仅可以调动组织中每一个成员的积极性,而且也能提高管理的效能,由此可知,激励原则在管理中具有极为重要的作用。

在现代体育教学管理过程中,激励原则的运用主要通过以下两个方面实现。

首先,对组织中成员的积极性进行分析。积极性属于动机的范畴,它是一种能动的心理状态。组织中成员的积极性,往往通过其在工作中的主动性、责任心、创造性及干劲的持久性等行为表现出来。要想调动和提高组织中成员的积极性,必须对其积极性进行全面、准确而及时地了解和分析,找出问题所在、对症下药,才能取得较好的效果。

其次,激励手段的选择和灵活运用。在管理过程中,应根据不同的管理对象、管理条件和管理任务,灵活选择和运用激励方式对组织中成员的积极性进行激励。常用的激励方式主要有以下几种。

①目标激励。结合组织成员的工作岗位,将个人目标融合于集体目标之中,使目标具有一定的挑战性,以此调动其积极性。

②奖惩激励。通过奖励或惩罚,对组织成员的正确行为给予肯定或及时否定其不良行为,来达到提高其积极性的目的。

③榜样激励。利用榜样激励,调动一般成员、后进成员及优秀成员的积极性。

④感情激励。注重对成员进行感情投资,在思想、工作、生活中不断给以关怀,从而激发其积极性。

⑤反馈激励。通过把成员的工作或学习成果及时地反馈给本人,同时做出客观评价,这对提高其积极性是很大的激励。

(3)动力原则。管理的动力原则是指在管理活动中,管理者必须正确掌握管理动力源,运用有效的管理动力机制,来保证管理活动有序、高效、持续地进行,保证组织目标的实现。动力不仅是管理的能源,而且也是一种制约因素。

管理与物质运动一样,必须要有动力,有了动力才能推动管理活动的进行,这就是管理的动力原则。贯彻动力原则,必须掌握三种动力,即物质动力、精神动力和信息动力。这三种动力,各有特点,要综合运用。其中,物质动力是最基本的动力,它是指通过物质利益、经济手段激发人们的工作热情,调动人的积极性;精神动力是指用精神的力量来激发人的积极性、主动性;信息动力是指通过增长知识、信息交流所产生的动力,包括激发性信息动力、知识性信息动力和反馈性信息动力。

在管理中,动力原则的运用应注意以下几个方面。

①综合运动三种动力,以达到扬长避短,互相补充,取得最佳效果,在运用过程中,根据具体情况有所侧重。

②正确认识和处理个体动力与集体动力的关系,使个体动力在大方向一致的前提下,得到充分发展,以获得比较大的集体矢量。

③运用动力时,要掌握好适宜的"刺激量"。

(二)系统原理

1. 系统原理概述

系统原理是指通过对系统理论的运用,细致地系统分析管理对象,从而使现代科学管理的优化目标得以实现。系统原理的重要理论基础是整体效应观点。整体效应观点是由塔朗菲提出的,其基本内容为:因为新的有机整体的形成是系统各要素合理的排列组合的结果,伴随着新整体的构成,新的功能、特性和行为等得以出现,即具有了各要素在孤立状态下所没有的性质,产生了放大的功能,即产生了"1+1>2"的效果,因此系统的整体功能之和可以大于各要素的孤立状态之和,且功能的放大程度与系统的规模成正比,即系统规模越大,结构越复杂,系统功能就可能越大。

掌握系统原理,必须把握系统的三个基本特征。

(1)目的性:任何管理系统都是一个目的系统。每个系统都有自己明确的目的,目的不明确必然导致管理的混乱。要根据系统的目的和功能设置各子系统,建立其结构,各子系统的目的由系统的目的分解而来。一般来说,一个系统只有一个目的。

(2)整体性:整体性是系统的最基本的特征之一。从某种意义上讲,一般系统是关于整体的一般科学。整体性主要揭示了整体与局部、整体效应与个体效能的关系,要素与系统关系十分紧密、不可分割,整体功能要大于部分功能之和。系统的整体功能建立在一定的要素功能基础之上,没有要素的功能,就没有整体功能;但是,如果要素功能不协调,就不能取得整体效应。因此,把握系统的整体,着眼于整体效应,这是我们认识和运用系统原理之精髓。

(3)层次性:凡是系统都有结构,而结构都有层次性,这是系统的又一个重要特征。系统的层次性,要求管理必须分层次进行,建立层层管理、层层负责、各司其职、各负其责的管理秩序。从社会管理系统来说,可以划分为宏观管理、中观管理和微观管理三个不同的层次；从一个部门、一个单位的管理来说，可以划分为决策层的管理、管理层的管理和执行层的管理。各系统的层次之间有着密切的相互关系。

2. 系统原理在体育教学管理中的应用

系统原理要求管理者在体育教学管理中必须遵循以下管理原则，以促进体育教学管理工作的顺利、高效完成。

（1）"整—分—合"原则。"整—分—合"原则可以简单地概括为整体把握、科学分解、组织综合。具体含义就是，对整体工作进行充分细致的了解，并以此为基础，将整体分解为一个个基本要素，进行明确分工，使每项工作规范化，建立责任制，然后进行科学的组织综合，最终实现管理功效提高的目的。遵循"整—分—合"原则要求管理者应做到以下几点：第一，要树立整体观点。扩大整体效应，实现整体目标是最终目的，但其大前提是整体观点。第二，正确分解，要明确分解的对象。分解不是对管理功能的分解，而是对管理工作的分解，分解要围绕着目标进行。管理功能要求人、财、物等要素统一，其中任何一个要素被肢解，都会导致管理的无法进行，因此必须抓住分解这一关键。第三，重视分工与协作。分工是非常重要的，但它不是目的，还必须进行强有力的组织管理，使各环节同步协调，有计划按比例地综合平衡，既分工又协作才能提高功效。分工要搞好，协作也要搞好，这是对"整—分—合"原则进行贯彻的要求。

（2）优化组合原则。系统目标的有效实现，整体效应的提高，要求系统的组合达到优化，也即是优化组合原则的要求。优化组合的内容是多方面的，具体来说，主要包括以下四方面的优化组合。首先，目标的优化组合。目标的优化组合，其最终目的是要组成优化的目标体系，这就要求实行目标管理的单位，要大力发动群众，民主制定科学的总目标，然后以优化组合原则为根据，把总目标层层分解到下属组织或个人，使各自的长处得到充分发挥。其次，组织的优化组合。管理跨度，是指一个上级能直接有效地领导下属人数的限度，它对组织的管理层次、人员数量起着决定作用，影响着组织结构的横向划分、纵向联系。管理者的素质、能力、精力、知识及管理对象的状况和分布距离等限制着管理跨度的大小。管理跨度原则是优化组合必须要贯彻的。再次，人才的优化组合。人才组合的整体效应的发挥要求对人才进行优化组合，因此在一个人才集体中，既要有高、中、低人才的合理搭配和组合，也要有各种特长人才的互相配合，使人才的作用都充分发挥出来。最后,环境的优化组合。管理者、被管理者和管理环境三个要素组成了管理这种活动,所以环境的优化组合也是非常重要的,不容忽视。将组织的外部条件(自然的、社会的、生态的)科学合理地组合起来,为管理工作创造良好的环境就是环境优化组合的内容。

3.相对封闭原则

任何一个系统内的管理手段必须形成一个由连续的相对封闭的回路构成的完整的管理系统,进而形成有效的管理运动,这就是相对封闭原则。

管理系统存在着两大基本方面的关系:一是它与外部相关系统之间的关系。由于管理对象这一系统处在更大的系统之中,必然与外界相关系统发生输入与输出的关系,处于一种开放性状态。对于解决这些外部关系主要是经营的任务,属于领导的范畴。二是本系统内部各要素之间的关系。系统内部形成有效的管理运动,必须使系统内的管理手段、措施构成一个连续的封闭回路。就像电线一定要形成回路电子才能得以运动而产生电流一样,不封闭的管理,即使某个环节管理得再好,也不能形成管理系统内的正常运转,无法获得系统整体的效应。系统内部关系的解决主要是管理的任务。例如,优秀运动队的大队长要通过各职能科室指挥领队(主教练),领队又指挥教练员,教练员指挥、训练运动员,最后通过一定的职工代表大会制度制约大队长。各级之间则以信息反馈相互沟通。

(三)责任原理

1.责任原理概述

责任原理是指为了实现组织目标、挖掘人的潜能,应在合理分工的基础上明确规定各个部门及个人必须完成的工作任务和必须承担的与此相适应的责任。

遵循责任原理制定的责任制,在运动训练管理中已得到广泛的应用,如目标责任制、风险金等。

2.责任原理在体育教学管理中的应用

在体育教学管理系统中合理应用责任原理,要求做到职责明确、授权合理、奖惩分明和规范管理。具体如下。

(1)职责明确。体育教学管理是一项系统工程,任务重,头绪多,工作杂。如果没有明确的分工,工作无法正常开展;分工不明,工作必然混乱。但是,分工只是对工作范围做了形式上的划分,还无法完全地体现出分工对于工作的数量、质量、完成的时间、效益等要求,而职责是在分工的基础上,在数量、质量、时间、效益等方面有严格的行为规范。所以说,分工不等于职责,但职责明确必须建立在正确的分工基础之上。

(2)授权合理。怎样才能做到完全负责,取决于权限、利益、能力等因素。明确了职责,就要授予相应的权力,即一定的人权、物权、财权,否则难以完成承担的职责。对工作完全负责,仅合理委授权限是不够的,还要让其必须承担风险。同时,在职位设计和权限委授的过程中,还要注意每个人承担的职责要与其能力相对应,才能做到人尽其责、物尽其用。

(3)奖惩分明。学校体育的管理要做到奖惩分明。一方面,要进行奖优惩劣,以引导每个人的行为朝积极的方向发展;另一方面,要保证奖惩公开、公正、及时,否则奖惩的作用和意义便会丧失。

(4)规范管理。规范管理是体育教学管理工作顺利进行的保证,具体来说,要建立相应的岗位责任制、考绩制、奖惩制,组成一个环环相扣、相互配合的管理制度体系,保证责任原理的有效应用。

(四)效益原理

1.效益原理概述

效益原理要求在管理的各个环节、各项工作中,都要以社会经济效益的提高为中心,提高资源利用率,以创造最大的社会经济效益。在管理系统中,经济效益是管理效益的直接形态。

现代管理的根本目的,是要创造最佳的社会经济效益,效益原理的实质在于任何管理都要以取得效益为目标。所以,效益原理是指管理的各个环节、各项工作,都要紧紧围绕提高社会经济效益这个中心,科学地、有效地使用有限的人力、财力、物力、智力和时间信息等资源,以创造最大的社会经济效益。对于现代管理系统来说,创造最佳的社会经济效益就是其根本目的,效益原理的实质在于任何管理都要以取得效益为目标。因此,这一原理同样适用于体育教学管理。

2.效益原理在体育教学管理中的应用

(1)追求管理效益。在体育教学管理过程中,追求管理效益应特别注意以下几点。第一,确定管理活动的效益观,即要以提高效益为核心;第二,追求管理效益时,更应该追求长期稳定的高效益;第三,应追求局部效益与全局效益协调一致;第四,管理效益的影响因素很多,因此必须端正主题管理思想。

(2)评价效益标准。管理效益的评价标准不是绝对的,可以从不同的主体和不同的角度去进行。采用不同的评价标准和方法,得出的结论也会不同,甚至相反。评价的结果会对组织对效益的追求有着直接影响,因此有效的管理首先要求对效益的评价尽可能公正和客观。一般来说,效益的评价有首长评价、专家评价和群众评价三种。其中,首长评价权威性较高,全局性掌握得较好,但不够细致和具体;专家评价比较细致,技术性较强,但可能忽视间接效益而只注重直接效益;群众评价比较公正,但要获得结果需要花费较多的时间和费用。在体育教学管理中,应综合运用各种评价方法。

(五)竞争原理

1.竞争原理概述

竞争原理是指个人与个人之间、团体与团体之间、国家与国家之间,为了各自的目标和利益,相互竞争,以求取胜的理论。有竞争就有压力,有压力就要奋斗,就要拼搏。实践证明,竞争可以激发个体的工作热情,激发个体的进取精神,充分挖掘个体的潜能,从而能够促使个体创造性地工作,去克服各式各样的困难。此外,竞争还可以使组织集体充满生机和活力、促进内部团结,增强团队凝聚力。

优胜劣汰是事物发展的一般规律,对于体育运动来说,竞争更是其突出特征,在体育管理中处处存在竞争,时时有竞争。

2.竞争原理在体育教学管理中的应用

在体育教学管理系统中应用竞争原理应注意以下几个问题。

(1)竞争要有一致的标准、条件。以运动员的训练管理为例,保证竞争条件的一致性,可以为同级别的运动员提供一致的竞争标准,这样可以使运动训练评价体系的公正性得到保证,也可以实现运动训练系统的一致目标,使运动训练的进一步发展得到促进。

(2)竞争同时应相互交流、提高。竞争原理强调竞争过程中的互相交流和互相提高。增进参与人员之间的友谊、团结与合作,并培养其团队精神是任何体育竞争行为的目的。

(3)防止投机取巧、不正之风。任何管理系统都需要良性的竞争,在体育教学管理的各个环节中,要按章办事、依法办事,做到既不姑息又不失准,保证其公信度。

（4）评价或制裁要公平、公正。评价或制裁制度是检查、评价运动员的成绩与效率的一项管理制度,因此,评价或制裁的标准应采用定性和定量相结合的方法,尽量采用定量,标准要做到公平、公正、合理、实际。

（六）动态原理

1. 动态原理概述

动态原理是对管理对象的变化情况进行及时把握,对各个环节进行不断调节,以使整体目标得以实现的规律概括。

由于人、财、物、时间、信息等管理对象处于不断变化、发展的过程之中,相应地,计划、组织、控制、协调等各个环节也必须随着管理对象的变化而变化,动态地适应管理对象的变化,这样才能保证管理目标的实现。

2. 动态原理在体育教学管理中的应用

（1）保持弹性。管理系统受多种因素的影响,各因素之间的关系也具有复杂性,在管理中对所有问题的各种细节进行正确把握是很困难的,因此在管理过程中必须留有余地,保持弹性,才能保证管理活动的正常进行,这就是弹性原则。在管理中如果弹性较小,其原则性就较强,适应能力就相对较弱,如果弹性较大,其适应能力就较强,适应环境就较快。因此,弹性大小的确定没有一个绝对的标准,要以不同的管理层次要求、不同的管理对象和不同的管理目标为主要根据。一般来说,管理弹性可以分为局部弹性和整体弹性,也可以分为消极弹性和积极弹性。

（2）重视反馈。系统把信息输送出去,又将其作用结果返送回来,并对信息的再输出起到调节控制的作用就是反馈。重视通过反馈来控制管理过程具体是指通过信息的反馈,对管理者未来行为进行控制,使行为不断逼近管理目标的过程。

（七）协调发展原理

1. 协调发展原理概述

可持续发展已成为当今社会发展的重要发展趋势,同时也是现代管理新的发展趋势,而坚持协调发展的原则是坚持可持续发展的关键。对于体育教育工作来说,就是普及与提高相结合,学校体育和竞技体育协调发展。

所谓协调发展,就是指方法适应于目的,让事情和活动都有合适的比例,处理好普及与提高的关系是体育教育工作协调中的关键问题。在体育教育管理工作中，一定要将协调发展原理应用其中。

2. 协调发展原理在体育教学管理中的应用

在体育教育管理中，要做到学校体育和竞技体育的协调发展，应遵循以下几个基本原则。

（1）坚持用辩证的观点看待学校体育和竞技体育之间的对立统一关系。虽然学校体育和竞技体育的社会目的、表现形式等方面都有很多不同之处，但两者既不是绝对的对立，如天平的两端此起彼落，也不是机械的拼合。学校体育与竞技体育是相互促进、相互渗透、相互依赖、相互支援、缺一不可的。

具体来讲，竞技体育对学校体育，起着兴趣引导、示范、技术指导等作用。通常情况下，如果我国的某项竞技体育项目在国际上取得优异成绩，学生参与这项活动的热情就会提高，从而掀起开展这项活动的学校体育热。此外，一些优秀的教练员和运动员也会在学校进行授课，使学生掌握正确的方法，不断提高运动水平，改善身体健康状况，这就是技术指导。同样，学校体育对于经济体育的发展也会起到积极的作用，对于竞技体育来说，学校体育可以打好运动基础，发现运动人才，为竞技体育创造良好的发展环境，提供人力和物力支持。

（2）坚持"两点论"和"重点论"。"两点论"是指学校体育和竞技体育两手都要抓，要体现协调发展的精神和原则，不能只抓一个放一个，也不能轮流抓，时紧时松。"重点论"是指体育工作整体以突出增强人民体质为重点，学校体育和竞技体育都要服从于这个大目标。

"两点论"和"重点论"是体育发展的协调观、整体观，也是体育教育管理中坚持协调发展的主要内容。通过协调发展，提高体育教育适合社会多种需要的综合能力，才能更好地为社会服务，最终达到体育教育为增强体质、促进人的全面发展的大目标，形成良性循环。

第二节　高校体育教学管理的方法

一、行政方法

(一)行政方法的概念

行政方法是依靠各级管理机构和领导者运用行政手段,按照行政系统规范进行管理活动的方法。它通过采用命令、指示、规定、指令性计划和职责条例等行政手段对其各子系统进行调节与控制。

在高校体育教学管理实践中,运用行政方法要求上级、上下级之间的关系非常清晰,因此,上级对下级所下达的命令、指令或指令性计划等一定要符合本部门的实际和管理活动的规律;要求上级领导必须具备良好的领导素质、较高的理论政策水平、较强的组织管理能力等。

(二)行政方法的特征

1. 强制性

强制性是行政方法的鲜明特性之一。高校体育教学管理的上级组织通过各种行政指令来实现对管理对象的指挥和控制,这些指令是上级组织行使权力的标志,下级必须贯彻执行。这种"非执行不可"与官僚主义的强迫命令有很大不同,它主要是强调思想上和行动上服从统一意志,强调原则上的高度统一。

2. 权威性

权威性是在体育教育管理中运用行政方法所起到的主要作用。在体育教育管理中,管理者的权威在很大程度上决定了行政方法是否有效,所发出指令的接受率以及上下级之间的沟通。因此,不断地完善和健全各级体育教育的管理机构,强化职、资、权、利的有机统一,努力提高各级管理组织和管理者的权威性,是有效运用行政方法的基本条件。

3. 纵向性

高校体育教学管理行政方法的纵向性特征是指行政命令的传达执行,通常是通过垂直纵向逐层进行的。在一个管理系统内部,下级只服从上司,下一层次只听上一层次的指挥,对横向传来的命令、规定等,基本上可以不予理会。也就是说行政方法强调纵向的自上而下,反对通过横向传达命令。但复杂的管理系统中出现的横向管理,需要各组织和部门之间充分沟通和协调。

4. 稳定性

行政管理系统具有严密的组织结构、统一目标、统一行动、强有力的调节和控制,对于外部因素的干扰具有较强的抵抗作用,因此体育管理过程中的行政方法具有一定的稳定性,应注意的是这种稳定性是相对的。

(三)行政方法管理的作用体现

1. 建立、健全、保持、维护正常的管理秩序

体育教育管理的目的,是提高体育教育管理系统的功效,实现管理目标,而人、财、物、信息等合理流通是管理功效提高的关键。通过行政规范来调节各种关系,从而建立起正常的管理秩序,使整个体育教育管理系统按照规范正常有效地运转,形成一个良性循环机制。

2. 规定和调节各种管理关系

体育教育所涉及的范围很广泛,包括国家、集体、个人之间纵向与横向的各种错综复杂的利益关系。法规是体育教育管理中按照一定规范对各种利益关系进行有效调节的依据,特别是在规定和调节不同行政管理系统、不同管理层次关系等方面更具有特殊的制约作用。

3. 促进体育教育发展

体育教育的发展需要一定的制度保障。例如,体育场馆设施的设计及建筑、体育场馆的管理和使用等,应予以行政规范。而对那些有碍体育教育发展的因素,如对体育教育管理中责、权、利不清,信息不通,人、财、物浪费等应进行必要的制裁等。

二、经济方法

(一)经济方法的概念

经济方法是指体育管理者以客观经济规律的要求为依据,通过经济手段的运用,对各种不同经济主体利益之间的关系进行调节,以实现管理目标的方法。

在高校体育教学管理过程中,价格、税收、信贷等宏观经济手段几乎不被使用,比较常用的经济手段有工资、奖金、罚款等微观经济手段。

(二)经济方法的特征

1.间接性

经济方法对人行为的调节是间接性的,它不能直接改变人的行为。在具体的工作中,经济方法对集体与个人行为的控制和干预是通过对各方面经济利益的调节来进行的,如物质奖励等经济方法的运用等,它能在一定程度上引导、激励人们的价值取向和行为,调动人员的工作积极性、提高人员的工作效率。

2.有偿性

经济方法具有有偿性。一方面,它要求组织之间的经济往来应遵循等价交换原则,实行有偿交换。如运动员的代培、科研成果转让、体育场地使用等。另一方面,它对个体的管理强调劳动成果与获取报酬之间的关系。因此,在高校体育教学管理工作中,经济方法必须和其他方法综合运用,而不能单纯和员工进行有偿交换,要重视对员工的思想教育。

3.关联性

经济方法本身具有很大的变化,且涉及因素多,会影响到体育系统内部多方面的连锁反应。如对不同层次体育竞赛中运动员、教练员的奖励问题,体育场馆的承包机制等。因此,运用经济方法应充分考虑管理对象的特殊性质,并做好经济方法应用的预测,以便在高校体育教学管理中正确运用。

(三)经济方法管理的作用体现

不同的经济手段在不同的领域中发挥各自不同的作用。

1.有利于提高经济效益

就体育教育管理而言,提高经济效益就是要提高体育教育的投资效益。正确、科学、合理地运用经济方法,可以有效地提高各层次体育教育投资的经济效益。在体育教育管理中运用合理的经济方法可以调动各级体育教育组织的积极性和提高教学工作的效率,还可以对人、财、物等进行统筹安排。因此,尽量做到少花钱、多办事、办好事,克服那种大手大脚、铺张浪费的不良作风,不断提高体育教育管理的社会经济效益。

2. 有利于强化管理职能

强化管理职能,主要表现为上级体育教育管理机构能通过各种经济手段来控制下级体育教育组织和被管理者的工作及教学情况,将他们的经济利益与承担的工作任务、本职责任挂起钩来,区别情况进行赏罚。通过采取这些措施,可以大大调动广大体育教育管理者的积极性,对我国体育教育事业的发展起到了很大的推动作用。同时,既强化了上级体育教育管理机构对下级机构和被管理者的指挥、控制等职能,又促使下级机关和被管理者对上级部门指令和管理决策接受率明显增加。

3. 有利于适当分权

经济方法的经济制约作用,为给基层单位以相应的经济自主权创造了条件。例如实行费用定额管理、经费包干管理,既有利于分析和比较培养运动员的费用消耗和其他各种训练费用消耗的实际情况,又有利于充分发挥下级训练部门的自主权,把管理搞活,使管理的逆向作用得以较好地发挥。

4. 有利于客观地检查评价管理效果

运用经济方法进行体育教育管理的效果是通过具体的经济指标来体现的,所以经济方法具有客观性和可比性的特点。经济方法所采用的各项经济技术指标和效果一般也都是公平的、有效的,具有明显的激励效能,可以充分调动下级体育教育部门和被管理者的积极性。

此外,运动竞赛中的效益也是将经济收入作为评价效果好坏的依据之一。

三、宣传教育方法

(一)宣传教育方法的概念

宣传教育方法是指使人们围绕着共同目标而主动采取行动的方法。该方法的客观依据是人们对思想活动的发展规律的正确认识,它能够激发管理人员、教练员和教师的工作热情,是高校体育教学管理工作进行的重要前提。

(二)宣传教育方法的特征

1. 先行性

任何一种管理方法的实行、管理决策的制定,都必须通过宣传和教育。通过宣传教育一方面可以使被管理者对其有充分的了解,同时思考自己如何配合行动;另一方面,在管理过程中实施各项决策之前,通过宣传和教育,还可事先预测到人们可能产生的各种反应,制定相应的措施予以预防,从而强化其正面效应,抑制可能产生的不良效应。

2. 滞后性

滞后性和先行性是相对而言的,在高校体育教学管理实践中,通常会在事情发生后开展一些思想教育工作,而人们的认识和思考需要一定的时间。宣传教育方法的滞后性要求管理者必须从实际出发,科学地、正确地分析已经发生的问题,以理服人,改变被管理者的错误认识,从而纠正其不当行为。

3. 疏导性

宣传教育方法主要是通过对人们的教化来发挥作用的,因此,在教学管理中对思想问题采取回避或堵塞的方式是不可取的,甚至会激化矛盾。只有因势利导,动之以情、晓之以理,充分发挥宣传教育的疏导性才能达到教育的实效。

4. 灵活性

宣传教育方法的运用因人、因时、因地而异。如体育管理时期和管理对象不同,宣传教育对象的思想基础、性格类型、价值观念和需求等会存在较大的差异,这就要求宣传教育工作必须以不同时期、不同对象为根据,合理把握宣传教育的内容、重点、形式以及手段,灵活对待和处理。

(三) 宣传教育方法管理的作用体现

宣传教育方法的特点决定了对管理者和被管理者的影响,主要是思想观念的影响,宣传教育方法具有节省人力、物力和财力的重要作用,而且对于管理效果的影响是潜移默化的,并且是长久性的。

在体育教育管理实践中,只有正确地运用思想教育方法,把握思想教育的特点,才能及时地解决管理中的各种问题。思想教育应贯穿于体育教育管理的全过程。思想教育不仅是领队的事,教练员同样负有思想教育的任务。

第三节　体育教学管理的组织机构

一、体育教学管理组织的含义

组织是人类社会生活中一种最常见、最普遍的社会现象,它是人类历史开始后便开始存在的,其产生原因来自人类长期与自然的搏斗,不仅包括生产的斗争还包括社会的斗争。以原始社会人类的生存生活方式为例,原始社会人类在没有刀具和其他工具的情况下,只身狩猎成功的概率会很低,相比之下,个体之间进行合作,进而慢慢联合起来形成"团队",进行狩猎成功的概率就大大增加了,这就是早期的群体联合行为,是组织的雏形。

社会学研究表明,个人的某些目标需要依赖于与他人的合作才能完成。随着人类社会的不断进步,在现代文明高度发达的今天,人们的各种活动仍旧会以不同组织和团体的形式出现。因此可以说,组织是社会的细胞、是社会的基本单元,也是社会的基础。

在管理学中,组织有静态和动态之分。具体分析如下。

(1)静态的组织具体是指组织结构。"结构"一词原本属于建筑学领域的用词,在中国古代是指屋宇构建的式样,在现代,结构一般是指事物的各个组成部分之间的有序搭配。组织结构可以把人、职位、任务之间的范围、程度、协调等确定下来,并通过各自之间的关系来完成各自的任务和职责,并明确不同部门和层次之间的关系,从而构成一个完整的框架体系组织。

(2)动态的组织是指保持组织体系中各要素的正常运转及其变革,组织的各构成要素在相互关系的配合下共同完成组织目标,完成目标的过程是一个动态的过程。从动态方面理解组织是把组织看作是管理的一种基本职能。

组织结构理论是研究组织责权关系、分工与协作等组织要素之间相互联系和组织设计如何更有效的理论。它是实现组织目标的重要手段,同时也影响和制约着组织功能的性质、水平、范围,决定着组织的效率与竞争的能力。在现代学校体育教学管理中,不同学校有不同的组织管理模式。每种模式都有它的合理性和特点。不同管理模式的建立与体育教学的组织结构密切相关。

二、体育教学管理组织的任务

体育教学管理系统中组织的主要任务包括体育教学组织结构的设计、体育教学管理系统的运行和体育教学管理系统的调整三个方面。其中,体育教学管理系统的运行是重点。

(一)体育教学组织结构的设计

现代体育教学组织结构的设计就是按照体育教学管理要达到的总体目标、任务、规模及所处的教学环境确定体育教学管理的组织结构、设置管理职位、划分职权与职责,从而构建合理有效的体育教学管理系统框架。

在实际的教学管理过程中,体育教学管理组织结构的设计会牵扯到体育教学内部的运行机制、管理权限以及运作流程,因此,合理的体育教学组织结构设计是十分必要的。

学校体育教学的组织结构设计应重点考虑以下几个问题。

(1)学生当前体育学习需要的问题。体育教学的组织结构设计必须以最大限度满足学生对体育教育的兴趣和需求为出发点。

(2)学生终身体育需求的问题。体育教学的组织结构设计在考虑学生体育教学需要的基础上,还要考虑到能够让学生的技能学习在今后很长一段时间内使其收益,以保证学生能够在毕业后成为全面型人才,进而有利于体现学校教育特色,增强学校的核心竞争力。

(3)关系协调问题,具体是指学校场地和器材管理部门与体育教学部门的协调合作问题。如果学校体育教学的组织结构设计不合理可能使部门与部门之间的沟通不畅,造成组织管理方面的不顺畅,进而会影响整个体育教学过程。

(二)体育教学管理系统的运行

设计体育教学组织结构是为了更好地行使体育教学管理的组织职能。体育教学管理系统能够有效运转有助于体育教学组织的管理职能的有效发挥。在体育教学管理过程中,为了使各种与体育教学活动有关的各要素有机配合,保证组织的正常运行,必须具备以下条件。

1.制定体育教学管理系统的制度规范

体育教学管理系统的制度规范主要包括针对人的制度和针对部门的制度两

种。制定制度的根本目的是为了保证体育教学管理系统中各部门、各工作人员任务、范围、权限、标准的明确可行,规范化的制度有助于体育教学工作的有序开展。

2. 制定体育教学管理系统的工作流程

工作流程是实现体育教学最终管理目标和工作任务的工作路径。它体现了体育教学管理系统各类工作任务间的顺序关系。这种顺序关系是由工作任务的特点和逻辑关系决定的,具体是指体育教学管理系统的工作任务的具体工作步骤及其先后顺序。由于在一个工作任务中的逻辑关系不是唯一的,因此完成任务的工作路径也不是唯一的,是可选择的、可变的。因此,工作流程就有了最佳方案的可能。

3. 建立体育教学管理系统信息沟通渠道

现代社会是一个信息化社会,信息沟通在社会中占有十分重要的地位和作用,对于一个完整的管理系统来说,良好的信息沟通对于管理工作有着事半功倍的作用,建立通畅的信息沟通渠道对于管理系统的正常运行是十分必要的。在体育教学管理系统中,建立信息沟通渠道的目的是为了能够使管理者及时准确地获取相应信息,以便适时地调整、改变体育教学工作,同时对在体育教学工作过程中的风险能做出快速有效地反应,最终的目的都是为了更好地完成工作任务。

具体来说,现代学校体育教学管理系统中信息沟通的渠道主要有以下几种。

(1)正式沟通渠道。正式沟通渠道是指依据一定的组织原则所进行的信息传递与交流。通常情况下,较为重要的信息和文件的传达、组织的决策都会采取正式沟通。正式沟通的优点是沟通效果好、约束力强、权威性强;其缺点是需要层层传递,比较刻板,沟通速度慢。

(2)非正式沟通渠道。非正式沟通渠道是指用正式沟通渠道以外各种形式的信息交流和传递。它是正式沟通的有机补充,不受组织监督,沟通渠道的选择自由。

非正式沟通能更灵活迅速地适应事态的变化,省略许多烦琐的程序;可获得许多正式沟通难以获得的信息,真实反映组织人员的思想、态度和动机;其缺点是需要管理组织人员之间存在良好的人际关系,否则容易造成信息的失真、曲解,从而影响人心稳定和团体的凝聚力。

正式沟通与非正式沟通各有特点与利弊,在学校体育教学管理中,管理者应该重视非正式沟通渠道的信息沟通。

（3）向上沟通渠道。向上沟通渠道是指下级通过一定的渠道与上级管理者及管理决策层进行的信息交流。学校体育教学管理中的向上沟通具体是指学生向老师、管理人员与师生向主管主任、主管主任向主管校长等进行信息交流。向上沟通渠道有层层反映和越级反映两种形式。其优点是下一层人员可以直接把自己的意见向领导反映，有助于各级管理者直接了解教学一线的情况，上下级之间能形成良好的互动关系，有助于组织系统管理水平的提高；其缺点是这种沟通方式比较被动，而且下级沟通人往往会承受很大的心理负担，如果沟通不畅容易导致向上沟通常常效率不佳。因此，沟通过程中应注意沟通对象的心理调节。

（4）向下沟通渠道。向下沟通渠道是指体育教学的管理者把想要传达的某项指令通过多种方式层层下传的沟通方式。其优点是可以使基层管理部门和普通师生及时了解来自上级的信息与领导意图，及时协调组织系统内部各个层次的活动；其缺点是如果这种渠道使用过多，不利于上下级之间形成良好的互动关系。并且由于来自最高决策层的信息需要经过层层传递，容易被耽误、搁置而导致信息曲解、失真。和向上沟通受领导威严的束缚相比，向下沟通比较容易，在传统的管理理念中，更加偏重于向下沟通。但为了让高层更清晰的了解基层的情况，向上沟通的模式也开始逐渐受到重视。

（5）水平沟通渠道。水平沟通渠道指的是层次相当的个人及部门之间所进行的横向的信息传递和交流。其优点为它可以使办事程序手续简化，节省时间，提高工作效率；在体育教学管理系统中，水平沟通可以使体育教学管理的各个部门之间相互了解，有助于培养组织人员的整体观念和合作精神，克服本位主义倾向，改善师生、教练员与运动员之间的人际关系。

（三）体育教学管理系统的调整

任何一个管理组织系统都不是一个完全静止孤立的封闭系统，它总是处在不断变化中的，体育教学管理系统也不例外。在体育教学管理系统中，无论是系统内部的人员构成、专业结构、组织规模等还是系统外的院校管理体制、国家政策等因素都有可能发生变化。为适应这种变化，就要对体育教学组织系统不断做出调整，以保证体育教学管理系统工作的正常进行。

三、体育教学管理组织机构的建立

(一)体育教学管理组织机构的含义

在我国体育教育系统中,高等院校是体育教学管理方面发展较为完善的地方,更具代表性和前沿性。因此,这里主要以我国高校为例探讨现代体育教学管理组织机构。了解我国目前高校的组织结构是研究学校体育教学管理的组织结构框架的重要前提和基础。在我国,高等院校是指实施本、专科及以上学历教育的普通高等学校。受各种因素的影响,不同类型的高等院校,体育教学管理组织结构也会有一些差别,即使同一类型的高等院校由于学校的历史及现状的不同,其组织结构也会呈现各自的特点。但就我国高等院校的整体而言,各高校在组织结构的设计上也是有规律可循的。

目前,针对我国高校的体育教学管理组织机构的含义,可从以下两个方面进行理解和分析。

首先,一些学者认为,我国高校从组织形式上看属于比较典型的科层制的组织结构。具体来说它具有以下几个方面的特点:第一,管理组织机构的建立是为实现组织共同的目标,对组织的全部活动进行划分,确定专业化职务并分配给各个组织成员;第二,管理组织机构内部的各种职位是按等级原则组织起来的,权利和义务明确;第三,管理组织机构中的每一项工作都必须按严格的规章制度规范,有严格考试和训练制度,管理人员有固定的薪水和明文规定的升迁制度;管理组织人际关系理性程度较高。具体来说,可以将高校体育教学管理组织机构的特点简单地概括为分工专业化、组织标准化、工作指标化、人员统一化、工作秩序化、管理规范化。

其次,从本质上来讲,我国高等院校是一个围绕教育与科学研究和行政单位组成的矩阵式组织,是学科与教育活动把学者们组织在一起。因此,高校体育教学管理组织机构呈现出以下特点:第一,从高等院校的人员构成来说,高等院校的教师既在学术上归属于某一学科、专业,又在行政上归属于某一特定的院校或学院或系,这充分体现了高等学校的组织结构所具有的行政组织与学术组织的特点;第二,从高校的机构设置来说,纵向方面有校、院、系等划分,横向方面有各职能处室及各种研究所、各类中心、课题组、项目组等,这就形成了多重矩阵结构;第三,从高校的不同职能来说,高校的教学、科研、服务等职能的实现都需要相应的组织机构来保证,相应的也可划分为教学矩阵、科研矩阵、服务矩阵以及为上述职能实现而服务的管理矩阵。对我国高校的体育教学管理组织机构含义的这种认识更侧重高校职能的本质属性。

现阶段,我国高校在组织结构的设计方面都或多或少地体现了矩阵式的组织结构理论。

(二)体育教学管理组织机构建立的原则

学校要想建立和完善体育教学管理组织机构,必须要以培养学生体育运动技能为核心,并且遵循以下原则。

1.统一原则

体育教学管理组织机构建立的统一原则是实现学校办学目标的重要保证,具体是指体育教学管理系统部门的建立及其运转要尽量将体育教学管理的组织结构形成有机统一的整体。

该原则针对的主要对象是那些最为复杂的体育教学活动,主要体现在以下两个方面。

(1)统一目标。学校体育教学的管理必须有统一的目标。统一的目标是体育教学管理系统内各部门、各层次的管理活动得以有计划、有序进行的重要保障和方向。通常来讲,学校体育教学管理的最基本目标就是保证体育教学按照正常秩序顺利开展,学校体育教学管理的最高目标是争取将学校设置的体育教学内容尽量符合学生一生所需,不仅能较好掌握一至两项运动技能,还能将运动的理念植入学生的心中。学校体育教学管理的最低目标与最高目标的实现都需要体育教学管理系统内的各部门、各层次管理人员的共同努力。在保证最低目标与最高目标的指导下,学校体育教学系统内的各部门、各层次管理人员可以在自己的职权范围内,制定具体的工作目标。

(2)统一命令。在体育教学的管理系统内部,各个部门、各个管理人员一般只接受一个上级领导的命令并对其负责,为了更加有效地实现体育教学目标,体育教学的管理系统中体育教学的规章制度的制定、执行、修订、废除都应该统一。特别是在制度的执行上决不能因人、因部门而异,要坚决防止出现特权部门、特权人物的存在。

2.效率原则

体育教学管理组织机构建立的效率原则是指在建立体育教学组织机构过程

中,应该想方设法地通过协调和控制提高工作效率和经济效益。效率原则是衡量体育教学管理的组织结构是否科学合理的重要原则。现阶段,我国学校体育教学管理组织结构的设置存在不合理的现象,存在诸如学校的集权与分权、分工与协作等问题。处理这些问题的前提一定要考虑到怎样才能有助于学校教学工作效率的提高,这是学校体育教学管理的根本目的。

3. 精简原则

体育教学管理组织机构建立的精简原则是指学校体育教学组织结构要在达到全面支持体育教学的基础上,尽量精简机构和人员。在学校中,体育教学组织结构的精简,关键在于精,要以精求简。具体来说,精简、有效的学校体育教学组织结构应具备以下特征。

(1)部门分工恰当。如此可使得每个部门都有明确的分工,因岗设人,职责明确,减少了工作相互推诿情况的发生。

(2)机构设置合理。避免不同机构之间工作任务的交叉,在保证体育教学工作顺利完成的基础上,尽量减少机构数量。

(3)人员配备合理。体育教学管理系统内的每个人都有明确的职责和饱满的工作量,这并不是要求一定要做到每人身兼数职,但一定要避免人浮于事、无具体工作参与的现象。

(4)层次划分科学。岗位的设立一定有其必要管理的职责范围,可有可无的管理环节尽量省去不要。如果在工作实践中,出现了不必要的管理层次,就会造成组织机构烦冗,增加管理成本、降低工作效率,会在很大程度上影响管理人员的积极性和创造性。

(5)提高人员素质。在教学管理系统中,只有人员素质不断提高,才能实现人员精干,进而真正实现精简。如果没有高素质的人员作基础,片面追求精简,就会造成简而不精,进而导致整个体育教学管理系统的管理能力弱化,影响体育教学管理目标的实现。

4. 责权一致原则

体育教学管理组织机构建立的责权一致原则是指在建立组织机构过程中,既要对每个部门规定明确的职责,又要根据职责大小赋予相对等的权力。在体育教学实践中,要完成某一项工作就一定要确立具体部门的具体职责,并保证部门为了完成这一职责拥有与之相匹配的权力。如体育老师为了完成某一项教学课程需要使用特定场地,但学校并没有赋予他随意使用场地的权力,因此,体育教师在使用场地之前就需要与相关职责场地管理部门进行沟通,相关管理部门也许还要向他的上级沟通,这种情况必然会降低管理效率和教学效率。责权一致、责权对应是体育教学管理的一般要求,也是体育教学的管理系统内部各部门、各层次履行管理职能的基本条件之一。只有责权一致,才能充分发挥各部门和人员的积极性和主动性,才能提高工作效率。

5. 弹性原则

体育教学管理是一个动态的过程,且受诸多因素影响,体育教学管理组织机构建立的弹性原则是指管理系统中的每个部门、每个环节和每个管理人员为完成特定工作,都能自主地履行自己的职责,能够根据客观情况的变化自动地调整履行职责的方式、方法。在体育教学实践中,弹性原则要求在体育教学管理组织结构的设置中考虑要在统一领导的基础上适时实行分级管理,也就是在统一的前提下给每个部门、每个层次以必要的权力,给予各部门、层次一定的弹性权力,使他们能在自己的职权范围内可以根据实际灵活采取相应措施自主调节工作,能充分发挥自己的积极性、主动性和创造性,进而实现体育教学管理的科学化、高效化。

第五章　大学体育教学活动管理

体育教学活动是体育教育开展的重要和有效途径,因此对体育教学活动的管理是现代体育教学管理的重要内容之一。本章主要针对体育课堂教学管理、体育活动管理、体育训练与竞赛管理进行详细分析,旨在为科学组织体育教学活动、顺利实现体育教学目标、丰富学生体育学习内容和业余体育活动内容提供理论指导。

第一节　大学体育课堂教学管理

课堂是进行体育教学的主要场所,是学生获得知识的重要途径,高校学生所学到的大部分体育理论知识和实践活动都是通过体育课堂实现的,加强体育课堂教学的管理,对整个学校体育教学及学生自身的发展具有重要意义。

一、体育课堂教学管理概述

(一)体育课堂教学目的

当前,我国各级各类教学的主要目的和根本目的是促进学生的身心健康、全面发展,在这种教学总目的和总目标的指导下,我国学校体育教学的课堂教学目的主要包括以下几方面内容。

(1)使学生掌握体育文化、体育理论知识和体育运动技术技能。

(2)提高学生的健康素质和活动能力。

(3)培养学生对体育活动的兴趣。

(4)培养学生的终身体育意识。

在体育教学实践中,要达到上述目的,需要从以下几个方面入手。

(1)要树立正确的体育教学思想。由于现代社会的发展速度非常快,使得体育也渐渐变为娱乐和消遣活动,因此,这就要求树立以增强学生体质,培养学生的体育意识,掌握科学锻炼的手段和方法;帮助学生养成自觉锻炼的习惯,树立终身体育思想观念,从而对其身心全面发展起到积极的促进作用。

(2)在体育教学工作中,要对体育的多功能目标进行强化,从多个方面来将体育教育的功能充分体现出来。

(3)要建立起科学的体育教学评价体系。作为体育教学中重要的组成部分,教学评价对整个教学活动有着一定的导向作用。科学的体育教学评价要通过与体育教学的结果评价和过程评价有机结合起来,对整个评价体系进行改进,这对于体育教学目的的实现是较为有利的。

(二)体育课堂管理内涵

纵观国内外对于课堂管理的研究,众多学者的侧重点不一,但都强调对课堂的管理应包括以下两种取向。

(1)强调对学生的监督和控制,即强调学生必须在课堂教学中遵守纪律和规范。重点在于控制与维持。

(2)强调对学生的引导和激励,即强调学生在课堂教学过程中的主体性,强调学生的积极、主动参与。重点在于激励与促进。因此,可以认为,体育课堂的管理是指通过采取适宜的方式与策略,有效调控体育课堂中诸因素,以师生的互动为中介,以学生的自我控制为基本目的,最终促进体育课堂教学活动的顺利开展。

(三)体育课堂教学管理要求

1.树立正确的教学思想

在体育课堂教学管理过程中,要树立符合社会发展规律、符合体育发展和认识规律、对体育教学有指导意义的思想。

随着现代社会的不断发展,体育渐渐变为娱乐和消遣活动,人们终身锻炼的需要日渐强烈,其终将成为人们的基本需要。因而运用科学的方法以多种手段进行锻炼,是学生有效地增强体质的必然需要。因此,科学的体育教学目标和教学观就是要增强学生体质,培养学生的体育意识,掌握科学锻炼的手段和方法;帮助学生养成自觉锻炼的习惯,树立"终身体育"思想观念,促进学生身心健康的全面发展。

2.突出体育教学管理特色

当前,经过一段时间的发展,我国的体育教学管理水平取得了很大的进步,并且已有一些体育教学管理的特色确定下来,这主要在以下几个方面得到体现。

(1)体现在指导思想管理方面,主要是指把育体与育心、社会需要与学生需要、校内体育教育与社会终身体育有机结合起来。

（2）体现在教学内容管理方面，主要是指将民族性与国际性、健身性与文化性、实践性与知识性、统一性与灵活性有机结合起来。

（3）体现在教学的宏观控制方面，主要是指将行政管理与业务督导、统一要求与分类指导有机结合起来。

（4）体现在体育教学评价方面，主要是指把基本评价与专题、特色评价结合起来。

（5）体现在教学过程管理方面，主要是指将教师主导作用与学生主体作用、以理施教与以情导教、教学的实效性与多样化、严厉的课堂纪律与活泼的教学气氛、激发学生兴趣与培养刻苦精神结合起来。

3. 强化体育的多功能目标

现阶段，强化体育的多功能目标是体育教学的客观要求，是体育教学科学化管理过程的必要条件。要实现这一目标，应做到以下几点。

（1）切实依托体育教材开展体育教学，在体育教学实践中，学校体育课教材内容的选择，既要考虑其生物性价值，也要考虑其教育性功能，将科学性和实效性相结合。教师要将身体锻炼知识、运动技能和手段的掌握、健康水平评价、运动技术原理等合理地贯穿在教学过程之中，使之有机结合，适应体育与健康教育相结合的发展趋势。

（2）体育教师应敢于突破传统模式的束缚，善于运用多种方法发挥学生的主体作用。实现"快乐式"体育教学与"磨难式"体育教学的有机结合。

（3）体育教师在上课期间要注意传授知识，使学生掌握技能，从而培养学生的健身意识，介绍自我锻炼的方法；课后要注意引导学生自主或有组织地进行锻炼，逐步实现健身意识、锻炼手段和方法等分类目标。

4. 提高体育教学质量和效果

在体育教学中，加强体育教学管理主要是为了有效提高教学的质量和效果，而加强体育教学的管理，不仅需要落实到整个体育教学活动过程中，同时还要在高校教学管理的所有环节中得到有效的落实。除此之外，在体育教学过程中还应将体育教师的管理主体作用充分发挥出来，并将其他的教学因素控制好，从而使体育教学活动的顺利进行得到保证。

5. 建立科学的教学评价体系

教学评价是体育教学中重要的组成部分，它对整个教学活动起着一定的导向作用。科学的体育教学评价的建立应从以下几个方面着手进行。

（1）科学的教学评价必须应有效指导体育教学活动。

（2）科学的体育教学评价既要客观地评价体育教学的结果，也不能忽视整个体育教学过程。

（3）体育教学评价要反映学生在学习过程中提高的幅度和可能产生的深远影响，纠正以体能来反映体质状况，以技能反映教学效果的以偏概全的评价方法。

（4）结合体育教学的结果评价和过程评价，改进整个评价体系，有利于实现体育教学的目的。

6. 加强体育教学管理的科学性和专业性

体育教学活动包含的内容非常多，且非常复杂，同时还具有很强的专业性，鉴于此，就要求体育教师在教学的过程中，要对体育教学的机制进行准确把握，并进行渗透化管理，同时还要对管理的效果进行定期或不定期的检查，从而建立科学有效的体育教学管理机制。

二、体育课堂教学管理的原则

（一）主体性原则

体育课堂教学管理的主体性原则主要是指在体育课堂教学中，要始终坚持"以学生为主体"，学生是体育教学活动的主体，是课堂教学的主体；教师在体育教学活动中处于主导地位，起指导作用。教师应根据学生的主体需要和特点来合理安排教学活动。具体来说，在以学生为主体的现代体育教学中，课堂教学应包括三方面的内容：首先，从师生地位角色来理解，学生是体育课堂教学的主体，教师主导，"教"应为学生的"学"服务；其次，教学活动要围绕学生展开，也就是说课堂中学生活动要占大部分时间；最后，在课堂教学中，教师应该采用启发式、发现式教学方式，以激发学生的主动性与创造性。

在体育教学中，体育教师应引导学生积极主动地学习，充分发挥学生的积极主动性、自主性和创造性，从而提高教学的质量和效果。教师贯彻和遵循发挥学生主体性原则，需要注意以下几点要求。

（1）树立学生主体观和以学生为宗旨的教育观，以引导为主，确立为学生的"学"而教的理念，更好地为学生服务。

（2）制定完善的体育教学方案,提高学生参与教学活动的积极性,在教学过程中应做到学、练、问三者的结合,学习与创新相结合。

（3）引导学生学会学习,学会自我解决问题的方法。为学生提高发现问题和解决问题的能力提供一定的帮助。

（4）因材施教,在体育教学中教师应充分考虑学生的个体差异,对不同的学生采取不同的教学方法,在统一发展的基础上促进学生特长的发展。

（二）全面发展原则

全面发展原则是指通过课堂教学使学生的身心都得到全面的发展。我国新的《体育与健康课程标准》提出了运动参与、运动技能、体能与身体健康、心理健康与社会适应各方面目标,这四个目标的基本思想都是协调发展学生身心健康。因此,在现代体育教学实践中,体育教师也应以《体育与健康课程标准》对学生的要求为基础,不仅要帮助学生掌握运动技能,提高学生身体素质和体质健康,而且要促进学生的健康心理发展与完善其人格品质,更要重视学生德、美、智素质的培养,通过对学生全面素质的培养提高学生的社会适应能力。

在体育课堂教学实践中,教师贯彻全面发展性原则,就要求体育教师的课堂教学活动做到以下几个方面。

（1）教学内容选择上,体育教师要充分发挥积极能动性和创新精神,挖掘运动项目给学生带来的心理、社会价值。

（2）教学设计过程中,不仅要考虑让学生掌握好运动技术,还要培养学生心理品质和社会适应能力。比如可以通过设计不同起跑点培养自信心,通过团队合作来培养学生与他人很好地相处的能力,等等。

（3）教学评价方面,教师和学生要在教学过程中共同成长,体育教师不能单一地从体育运动技能去考评学生成绩,而应该从教师和学生身心发展的多维度去评价"教师的教"与"学生的学"的质量。体育教师要做到和学生在教学过程中共同成长,体育教师和学生应从身心发展的多维度对教与学的质量进行全面客观的评价,不能单一地从体育运动技能对学生成绩进行考评,这是不科学的。

（4）重视教学创新。体育教师要将其自身的能动性和创新精神充分发挥出来,对运动项目给学生带来的心理、社会价值进行积极的挖掘。如长跑既可作为提高学生心肺功能的项目,又可以作为锻炼学生意志的手段。

（三）兴趣先导原则

让学生得到快乐的同时又能学到体育文化知识和运动技能,并养成良好的体育锻炼的习惯,这些对于学生主动学习体育兴趣的提高都是有帮助的。需要强调的是,由于体育教学不只是为满足学生兴趣而开展的,因此,这就要求在培养学生体育兴趣的过程中,能使学生形成更高层次的兴趣。兴趣是学生学习的最根本的动力。教师在体育课堂教学过程中要善于培养学生学习体育的兴趣,让学生在愉快中学习,使学生的运动技能在兴趣活动中得到强化,学到体育文化知识和运动技能,并养成良好的锻炼的习惯。这便是兴趣先导原则的主要思想。

在培养学生体育兴趣的过程中,兴趣先导需要体育教师根据学生不同阶段、水平的兴趣特点进行教学设计,目的在于培养学生的体育兴趣与运动技能,使学生形成更高层次的兴趣,因为体育教学不只是为满足学生兴趣而开展。如果学生学习体育的兴趣只停留在低级阶段,那么过了一定时间之后,这种兴趣将逐渐消失。这样就难以促进教学质量的提高。因此,在培养学生的体育学习兴趣时,体育教师应注意以下几点。

(1)广泛了解学生的体育兴趣,并针对学生个体的不同兴趣来选择和安排多样化的教学。

(2)设计能促进学生学习兴趣的教学方案,以引导学生的学习兴趣向正确的方向发展,在教学中要善于捕捉时机,因势利导,积极强化学生的兴趣。

(3)从学生的未来发展方面,重视学生更高层次兴趣的培养,并结合学生兴趣开展体育教学活动。

（四）循序渐进原则

所谓的循序渐进原则是指在体育教学中,教师要根据学生的年龄和性别特征,合理地选择教学的内容、手段与方法,并遵循系统性和连贯性要求,使学生按照客观规律,在牢固掌握知识、技术、技能的基础上逐步提高自己的技能。

体育教学的客观规律决定了在体育教学中,教师的教学设计和教学活动开展必须遵守循序渐进原则,循序渐进是巩固提高的基础。具体来说,体育教师在教学中,要根据学生的年龄和性别特征,合理地选择教学的内容、手段与方法,并遵循系统性和连贯性要求,使学生按照客观规律,在牢固掌握知识、技术、技能的基础上逐步提高学生的运动技能。

循序渐进、巩固提高原则要求教师在体育课堂教学中应做到以下几点。

(1)在安排教学内容时,既要考虑该运动项目技能形成的顺序,由易到难、由简到繁地设计;又要考虑项目之间的关系,使前一个项目的学习要有利于后一个项目的学习,要帮助学生循序渐进地学习。

(2)在体育教学中交替安排负荷不同的体育课时,要注意保持一定的节奏性。后一次课的生理负荷应安排在上一次课后的超量恢复水平上,而且生理负荷总的来说是呈逐步提高的趋势的。在体育课堂教学过程中,安排学生生理负荷一般要采取波浪式的、有节奏地逐步提高,待学生的身体完全适应某一运动负荷后再逐步提高。就体育教学的某一个阶段或时期来说,教师进行体育教学,应有节奏地交替安排负荷不同的体育课。后一次课的运动负荷应安排在上一次课后的超量恢复水平上,就学生课堂生理负荷总趋势来说,应呈现出逐步提高的负荷特点。

(3)在体育课堂教学过程中,针对学生难以掌握的技能,教师教学安排的时间应该相对多一些,待初步形成动作的动力定型后再进行下一步的教学。

(4)为了完善体育课堂教学,促进学生运动水平和技能的有序和持续发展,体育教师要提高自身素质,特别是运动心理和运动生理等素质,这是非常重要的。良好的教学素质是教师施教的基本前提和重要基础。因为,教师只有具备了良好的素质,才能了解学生身心发展规律和特点,了解各项教材的系统性及各项教材之间的相互关系,才能优化体育课堂教学过程和效果。

(五)因材施教原则

新的课程标准要求教育要以人为本。因此,体育教学课堂管理也应该是以人为本,体育教学对象是人,而不是标准件,人是有思想的、情感的,思想和情感是非常复杂的,学生之间必然存在着个体差异。学生之间的差异性要求教师在组织教学时既要面向全体学生,统一要求,又要根据学生身体素质、基础条件等差异区别对待,做到因材施教。

在体育教学中,教师要真正做到根据实际情况,因人、因地实施教学,必须做好以下教学工作。

(1)要深入了解学生对体育的认识,并且以学生的兴趣爱好、体育基础、健康状况、身体发展等方面为主要依据,将其共同点和差异找出来,从而更好地贯彻区别对待、因材施教的基本原则。

(2)教师要重视每一名学生的运动、技能水平发展和提高。在制订体育教学计划和确定体育教学目标和要求时,应确保其切合学生的实际情况。例如,对于身体条件好而有体育特长的学生,要努力创造条件,对其提出相对较高的要求;而对于体质弱、基础差的学生,应适当降低要求,辅助力争使他们在原有基础上有所提高。正确为全体学生的共同提高起到积极的促进作用。

三、体育教学文件的管理

体育教学文件是指国家的教育方针,上级部门颁发的各种有关教学法令、条例、规定、指示、规划、制度和体育教学大纲,同时,学校体育教学的工作计划,教学进度安排,单元教学工作计划和教案等也属于这一范畴。体育教学文件在体育教学中也具有非常重要的作用,它对体育教学活动具有重要的指导性作用,因此,加强体育教学文件的管理能够使教学活动顺利进行得到有力的保证。

当前体育教学文件的管理需要遵循一定的步骤进行,具体如下。

(一)分析教学客观实际

教学文件对体育教学有方向性的指导作用,体育教学管理应符合教学实际,因此对于教学文件的内容要进行合理选取与参考,在体育教学管理中,第一个步骤就是学习研讨,其具体的操作程序是:提出教学文件管理的指导性意见,并组织学习研讨。对体育教学文件进行管理的主体是体育机构和体育教研室(组)。

体育教学文件管理过程中,在制定具体的教学文件前,要求体育机构和体育教研室(组)必须按照上级主管部门对本校体育教学活动的有关要求,对体育教学文件的制定方向给予指导性意见,换句话说,就是要在体育教学文件当中将教学的指导思想、任务、质量和时间等充分体现出来。另外,体育机构和体育教研室(组)还应组织学校的体育教师对教学计划进行仔细的分析和研究,特别应对教学大纲进行仔细的研讨,这样能够通过与学生的实际情况和《国家体育锻炼标准》《体育合格标准》等相关制度的要求相结合,从而保证制定出的体育教学文件与本校校情相符。

(二)制定体育教学文件

制定体育教学文件是体育教学文件管理的第二个步骤。具体来说,这一步骤是在高校相关部门和人员在进行仔细的研讨之后,就可以对教学文件做好具体的规划。

在制定教学文件的过程中,教育机构或教学主管部门需要印制一份统一的教学计划表格,这样不仅能够使制定过程更加规范,同时,对制定后检查工作的开展也是较为有利的。

一般来说,在初步完成教学文件的制定后,学校应组织具体部门集体讨论与审议,协调与调整教学计划中场地器材的安排和各年级教材出现时间的顺序等。在计划文件制定完成后,学校相关部门还要进行审核和批准程序,从而使教学文件具有可行性和科学性,使其顺利实施得到保证。

（三）教学文件的实施与调整

待体育教学文件审核批准通过后,就需要实施教学文件并对其进行适当的调整,这是体育教学文件管理的第三个步骤。

在实施体育教学文件的过程中,体育教学工作者必须严格规范执行过程,不能随意变动。相关部门要对文件落实情况进行必要的检查。假如发生特殊情况阻碍教学计划的正常实施,可向教研室（组）申述,有关领导应考虑具体情况,对教学文件进行及时的调整,从而使教学实际的需要得到满足。

（四）教学文件的分类与整理

体育教学文件的分类整理是对高校体育课堂教学文件的后续管理,其具体的操作内容是将各类教学文件进行分类整理,并存档保管,以备日后的查询、参考与研究。

四、体育教学的教务管理

体育教学的教务管理主要是由学校的教务部门统一实施的,这一管理过程需要体育教研室的主动配合。一般来说,体育教学教务管理的步骤主要有以下几个方面。

（一）编班

编班在体育教学中具有重要地位,它是教学管理的重要内容之一。在具体编班的过程中,应与每名同学的具体实际相结合,同时,要注意以下两点。

首先,我国学校主要采用混合编班的形式。在混合编班的过程中,学校应尽最大可能地将各班体育基础好与差的学生和男女学生比例安排好,从而使其共同发展得到保证。

其次,编班过程中要对不同学生的合理搭配引起重视,从而使体育教学活动的顺利开展得到保证。

（二）安排课表

在安排体育课表时,为了保证课表的可行性和合理性,需要对以下几个方面引起注意。

（1）体育教学主要是以肢体活动为主要内容的教学活动,需要学生在活动中保持高度的注意力,因此,在安排体育课的课表时,要求学校最好将体育课安排在上午的第三节和下午。

（2）同一个班每周的各次体育课之间的间隔时间保持在合理的范围之内。

（3）如果教学的进度相同或者内容一致,可将不同的班级统一起来上课,但是,要对上课的人数进行有效的控制。

（4）要有效地布置和使用器材,使用过程中还要对器材的保养引起重视。

（三）课堂教学控制

体育课堂教学活动的顺利开展是体育教学目标实现的重要前提,也是完成整个体育教学计划的重要基础。因此,这就要求体育教学工作者,尤其是体育教师,在对课堂教学的控制方面引起高度重视。

对于课堂教学的控制应以学生的健康发展为中心,并充分考虑体育客观教学环境与条件,例如,体育课堂教学文件的制定对体育教学实践起着积极的导向作用,而在体育教学的实践过程中,已经制订完成的教学计划常常会和教学的实际情况产生矛盾。这就要求体育教师在教学过程中及时发现上述问题并及时控制体育课堂教学中产生的各种矛盾,以便于体育课堂教学活动的顺利开展。

管理学认为,在管理系统中,控制的职能发挥是以一定的机构为基础的,但在高校体育课堂教学的控制过程中,控制机构往往并不是单独成立的,而是和体育教学部、教研组、器材室等组织机构是同一个,这样就会导致一个组织机构担负多种职能,在一定程度上阻碍体育课堂教学的控制职能的发挥。因此,对课堂教学的控制一定要职责明确,责任到人,重点将体育教师的管理和控制职能发挥出来,以实现对体育课堂教学的有效控制。

五、体育课堂教学过程管理

(一)课前备课管理

备课管理是体育课堂管理的重要内容,体育教师进行教学,必须要备课。因而,管理者要对教师备课提出具体要求,如教案规范、详略程度等。另外,学校相关方面的管理者要定期或不定期对体育教师的教案进行评比,或者可以组织一定的集体备课来提高教师的备课规范性。

1. 体育教师的备课管理

体育教师在备课时,要做好以下工作。

(1)仔细钻研教材。教材是体育教师上课的主要依据。因此,体育教师要善于钻研教材。仔细研究体育教学大纲(课程标准),根据体育教学目标及各单元、本节课的具体教学目标来领会教学的基本要求,把握教材的体系范围与深度。在此基础上,研究多项教材的重点与难点,以及其前后的联系,做好总结工作。

(2)深入了解学生。体育课堂教学的目的是促进学生身体素质的发展,要实现这一目的,体育课堂教学活动就必须切合学生的实际。体育教师要全面了解学生的知识基础、身体健康状况、认知能力、运动能力水平,以及学习态度、兴趣需要及个性特征。

(3)合理组织教学方法。教学方法是体育教师完成课堂教学任务的重要途径,在体育课堂教学过程中,体育教师要根据教材性质、教学任务的要求,以及学生的情况、场地器材条件,确定体育教学活动的类型和结构,并据此选择和设计合理的课堂教学方法。

(4)认真编写教案。教案,也就是课时计划,它是教师进行课堂教学的直接依据。教师在编写教案时,为了保证教案的质量和可行性,需要对以下几个方面引起重视。首先,应根据教学大纲的要求和学校的有关规定编写。体育教师应根据学生的实际情况,如体育基础、体育骨干、伤病情况等备课,同时要考虑到场地、器材的实际情况等,并如实详细记录;其次,编写教案要规范,备课的详略程度应当合理;再次,备课文字精练、准确,教学方法运用正确。

(5)充分准备场地、器材。场地和器材是辅助完成体育教学的必要物质条件,是上好体育课的物质保证,在体育课教学前,教师要自己或组织学生帮忙准备好场地、器材,并合理规划场地和布置器材。

2.学校教学管理者的备课管理监督

(1)对教师备课提出具体要求,如教案规范、详略程度等。

(2)定期或不定期对体育教师的教案进行评比,或者可以组织一定的集体备课来提高教师的备课规范性。

(二)课堂教学管理

体育课堂教学的上课管理同样需要从体育教师和体育教学管理者两个方面入手,保证体育课堂教学顺利进行。

1.体育教师的上课管理

在体育课堂教学中,教师既是体育课的教学者,又是管理者,因而教师的上课管理直接决定体育课的质量,体育课堂教学以集中学生教学为主要方式,每一堂教学课的开展,很多学生都是在体育教师的组织安排下进行传授和学习,因而对教学课的组织管理有一定的要求。通常教师对体育课的管理主要包括课堂常规的建立、课的合理分组、场地器材的运用、安全措施的保障、做好思想政治工作、调度和运动强度的掌握、教学方法手段的运用、调动学生积极性,以及教师本人和学生的服装要求等。

具体来说,为保障课堂质量,教学课的组织与实施,在体育课堂教学中,体育教师应做好以下工作。

(1)明确教学目的。体育教学目的既是课堂教学的出发点,也是教学活动的最终归宿,因而体育教师必须明确教学目的,同时使学生对教学目的有一定的了解,以便使教学活动能有序展开。

(2)科学选择教学内容。教学内容是课堂教学的载体,是圆满完成教学任务的重要保障,正确的教学内容,应该体现出科学性与思想性的统一。

(3)正确选择教学方法。体育教学应遵循学生认知和身心发展的基本规律。一般来说,教师的课堂教学要以启发式教学为主,教学方式应该具有灵活性,可以充分调动学生学习的积极性,将传授知识与发展智力、教书与育人、统一要求与因材施教结合起来。

(4)严密组织课堂教学。课堂教学就是要实现"教"与"学"的密切配合,因此,教学活动要结构紧凑,科学地分配时间,以提高教学效率和优化教学效果。

2.学校教学管理者的上课管理支持

上课是教师教学和学生接受知识的最为重要的形式,高校管理者应给予体育教师一定的支持,从而为体育教师顺利地完成上课管理起到积极的促进作用。

(1)高校相关部门要对体育课的教学给予与其他文化课程一样的关心与支持,并提出相关的要求。

(2)高校相关部门及领导应积极主动地深入课堂,对体育教师的教学情况进行充分的了解,使对体育课的检查与督导力度进一步加强,同时,应积极组织一定的示范课、公开课、研究课等多种课型,并对其进行积极的探讨。

(3)高校要尽最大可能为体育课提供必要的条件,及时解决教学过程中产生的各种问题,提供相应的帮助,创造良好的教学环境,促进教学水平的提高。

(三)课后教学管理

首先,按时下课,在教学课结束后,体育教师应做好本次课的总结工作(体育实践课中帮助学生做好整理活动),让学生展开讨论,根据学生的意见和建议,有针对性地安排好下一次课。

其次,组织学生收回器材、整理场地。在整理体育器材的过程中,应分门别类放置器材,例如,金属的和非金属的分开放;常用的和不常用的分开放;大型器材和小型器材分开放;篮球、排球、足球、铅球等要上架;服装、小件器材要入柜;羽毛球拍、网球拍等要悬挂整齐;所有在教学过程中使用过的体育器材都要当面检验,做到如数、完整、完好。

(四)教学考核管理

教学质量的提高与加强体育教学考核有着不可分割的重要联系,高校体育课成绩的考核管理主要包括以下两个方面。

1.体育教师对体育课成绩考核的管理

高校体育教师对学生体育课成绩考核的管理工作主要包括以下三个方面的内容。第一,体育教师应以学校和体育教研室及有关机构的要求为主要依据,认真组织体育课成绩考核的实施。第二,体育教师应对成绩考核的办法与标准熟练掌握,公平、公正、合理地开展学生的实际测评。第三,体育教师在体育课成绩考核结束后,应尽快做好学生成绩的登记工作,并按规定程序将成绩上报给学校的教研室及相关部门。

2.体育教研室(组)对体育课成绩考核的管理

高校体育教研室(组)对学生体育课成绩考核的管理主要是以体育教学大纲和教学计划的相关规定为主要依据,通过与学生的实际情况相结合而进行的,具体来说,其包括的内容主要有以下几个方面。

(1)对体育课成绩考核的项目、内容、评分标准、计分方法和评定总成绩时各种内容所占的比例等组织讨论并负责制定工作。

(2)对体育教师进行检查和监督,要求体育教师必须正确对待考核工作,将合理的、科学的评分标准与方法制定出来,将评定尺度统一起来,将体育课成绩的考核认认真真地完成。

(3)对各班体育课成绩登记表进行积极的审核,尽快报送教务部门,及时建立学生的成绩档案。

(4)根据学校有关规定,审核并组织体育成绩不及格的学生进行补考。

(五)意外伤害事故管理

身体实践在体育教学中占有很大比例,在体育教学中难免会遇到意外事故的发生,因此,做好学生的意外伤害事故管理很有必要。

1.体育教师的课堂事故管理

(1)合理组织教学过程,尽量避免学生发生意外伤害事故。

(2)针对轻伤者,应及时送往医务室治疗,在课堂教学中受重伤的或危及生命的应立即转送医院抢救。

(3)发生重大的意外伤害事故时,应立即通知家长、学校领导和当地派出所或有关部门。

(4)对于意外伤害事故,教师应详细汇报伤害事故发生的时间、地点、原因、后果与处理措施等具体情况;必要时保留人证和物证。

2.学校的体育教学事故预防及处理

(1)学校要根据国家和教育部门规定,确保教育教学训练的设施、设备符合安全标准。

(2)学校要监督教师履行职责,根据实际情况采取必要措施。

(3)学校要根据学生的具体情况,建立健全各项管理和保护学生安全的规章制度,活动场所和设施应当符合安全标准。

(4)学校应做好教学活动安全的检查工作,将危险因素尽早消除。

第二节　大学课外体育活动管理

一、课外体育活动的概述

(一)课外体育活动的概念

课外体育活动是指课前、课间和课后在校内进行的,以全体学生为对象,以促进学生的生长发育,增进学生健康,满足广大学生多种身心需要为目的的体育锻炼活动。

课外体育活动的主要目的是促进学生全面发展,具体来说,是促进学生身体、心理和社会适应能力和谐发展,主要内容是各类保健操、健身活动。

(二)课外体育活动的特点

1. 多向性特点

课堂体育活动的目的是任务具有多向性。通过体育课外活动完成学校体育的任务,达到学校体育的目的。不同学生参与体育锻炼的目的不同,如有些学生是为了促进身体健康,有些则是为了提高技能水平,还有可能只是为了通过考试等,这些导致课外活动的目的任务具有多向性的特点。因此,学校需建立一系列的规章制度,采取相应的措施,使每一名高校学生都能积极参加各种各样的体育课外活动,进而促进身心健康发展。

2. 多样性特点

体育内容丰富、形式多样,因此课外体育活动也具有内容丰富和形式多样的特点。体育课外活动的内容除依据学校统一计划安排外,还应充分考虑学生兴趣和积极性。目前,有很多适合时代潮流、同时又迎合了学生锻炼和参与兴趣的新兴体育运动项目出现,这些运动形式和内容正在积极开展和在学生中推广。

3. 灵活性特点

体育课外活动的灵活性具体是指课外活动组织形式应该是灵活多变的。体育课外活动的性质决定了其形式的灵活性。学生之间存在个体差异,如年龄、性别、爱好、身体素质、运动基础等的差异,要想统一开展活动是不切实际的。因此,需要采用灵活多样的组织运动形式来满足学生的不同需求。

二、课外体育活动的管理准备

(一)制订活动计划

1. 全校性体育活动计划

全校性体育活动计划的制订前,应由体育教研室或体育教研组总结过去经验,广泛听取意见,然后报学校主管领导批准。全校性体育活动计划制订要以学年或学期为单位,主要内容包括体育课外活动的指导思想与目标,早操、课间操、大课间活动、年级活动、班级活动和体育俱乐部的具体活动形式、内容及管理等。

2. 年级体育活动计划

年级体育活动计划的制订要依据学校体育课外活动计划以及本年级学生身心发展的特点、体育基础、运动水平等,合理安排适合学生特点的体育课外活动。

3. 班级体育活动计划

班级体育活动计划应在班主任、体育教师的指导下,由班级体育委员在征求全班同学的意见和建议后制订,计划内容应包括活动的目标、内容和形式,活动的时间、场地、器材等。

4. 俱乐部体育活动计划

俱乐部活动计划应有专人负责,如负责活动指导的教师。由于俱乐部承担着多种任务,俱乐部活动计划相对复杂些,需要管理者做到统筹兼顾。

5. 小团体及个人体育活动计划

小团体活动计划自由度高,因此在制订活动计划时比较有困难,尤其是针对一些不稳定的团体组织,更不可能制订详细可靠的计划。因此,活动计划仅供方向上的参考,具体体育活动过程应灵活处理。

(二)建立管理规范

根据学校体育课外活动的计划,由主管校长带头,召集相关部门将体育活动管理制度纳入学校作息时间内规范管理,同时建立与之配套的工作规范。

(三)明确管理职责

1. 校领导的管理职责

鼓舞学生积极投身锻炼,同时可以主动参与活动,亲力亲为,到活动场地参与活动,亲身体验了解体育课外活动的开展情况,发现问题和解决问题。

2. 体育教师的管理职责

体育教师应组织安排全校晨操、课间操、大课间活动等的内容,并协助班主任组织好所带年级的活动等。

3. 学生干部的管理职责

在体育课外活动管理中,学生干部起着重要的组织管理和带头作用。因此,学生干部应以身作则,组织并带动全体学生积极、主动地参加课外体育活动。

三、课外体育活动内容的管理

课外体育活动的内容主要包括早操、课间操,班级体育锻炼,体育节、节假日体育等,因此,学校课余体育训练管理主要是对上述体育活动内容的管理。具体如下。

(一)早操、课间操

对学生的课间操、早操的管理与组织应依照学校的实际情况而定。具体来说,主要包括以下几方面的管理工作。

(1)项目管理。在课间操、早操的项目内容的确定上,学校可运用统一安排和自选相结合的方法进行管理。

(2)器材管理。在课间操、早操的场地器材的安排上,学校可运用集体与分散相结合的方法进行管理。

(3)人员管理。现阶段,学校主要是运用学生干部、班主任、体育教师相配合的方法进行管理。在管理上,班主任、任课教师应互相密切配合;要注重发挥学生干部的作用;要做好课间操、体操的宣传教育工作,帮助学生充分认识“两操”的重要作用,并使其能成为一种自觉行为。

(4)活动效果管理。为了提高课间操、早操的活动效果,可运用平时考勤与抽查评比相结合的方法进行管理。另外,还可借由会操表演、运动会等方式提高课间操、早操的管理质量。

(二)个人体育活动

个人体育活动是指学生个体,根据自己的兴趣、爱好、需要,按体育锻炼的方法要求,自觉自愿地选择相应的体育活动项目,在课外单独进行的体育锻炼活动。

针对学生的个人体育活动,体育教师应尽可能地配合,通过指导、咨询、协调等形式介入其间,鼓励、启发学生有计划地进行体育锻炼,并持之以恒。此外,体育教师应耐心引导、启发学生根据班级课外体育活动计划,结合学生个人的实际,有针对性地做出具体的体育活动计划安排。

(三)班级体育活动

班级体育活动是以班级为单位分成若干小组的方式来进行的,这些小组在班干部和小组长的带领下开展具体的体育训练活动。由于班级体育锻炼在时间、内容、组织和生理负荷等方面都提出了许多要求,所以,学校在进行班级体育训练的管理时,在训练内容的选择上,可将训练与体育课教学内容结合起来,以"标准"为中心选择具体的项目开展锻炼。

教师对于班级体育活动的管理应非常重视,管理过程中应注意总体性和宏观性的把握,并注意发挥学生干部的作用。

学生干部应在班主任、体育教师的指导下,班级体育委员征求全班同学的意见和建议后制订活动计划,组织落实班级体育活动。总之,要形成一个良性的体育活动关系与氛围。

(四)年级体育活动

年级课外体育活动计划通常是由体育教研室或体育教研组负责整个年级体育教学的老师和年级主任或组长协同完成。适合规模较大、学生较多的学校。

针对学校年级课外体育活动的管理,要充分考虑学校课外体育活动的计划以及本年级学生身心发展、体育基础、运动水平等特点,以保证年级课外体育活动的组织和实施适合本年级学生的特点和需求,科学开展。

年级体育课外活动的实施方案应由年级体育教师会同年级主任和各班班主任协商编制后实施。

(五)体育俱乐部活动

校园内的体育俱乐部活动是最近几年非常流行的体育课外活动组织形式,学生可根据自己的体育特长、兴趣爱好自愿加入组织。一般的,学校体育俱乐部通常是学校根据自己的场地设备、师资力量、体育传统优势等因素筹建的。目前,我国学校体育俱乐部的形式主要分单项俱乐部和综合俱乐部两种类型。

体育俱乐部通常是高校根据自己的场地设备、师资力量、体育传统优势等因素筹建的。体育俱乐部活动的管理应由专门负责人负责,根据学校体育工作的总体规划和课外体育活动计划确立活动目标、运营方式、人员安排等。同时,体育俱乐部应做好经费筹措、场地器材设备的合理配置等工作。运营经费主要是以学生会费和社会赞助为主。

(六)校园体育活动

校园体育活动主要包括学校结合本校的实际情况所举办的"体育节"的相关体育活动。常见的"体育节"有体育专题报告、体育讲座、体育知识竞赛、体育表演、运动会、体育游戏等。它主要包括校园"体育周"和校园"体育日"(健康日)两种形式。具体如下。

(1)校园"体育周"。学校集中利用一周时间,对学生进行课余体育训练,或组织各种宣传教育、锻炼、运动会等活动。活动期间,学校可成立临时性指挥机构进行组织与管理,在管理过程中,要注意取得各有关方面的支持与配合,并做好充分预备与准备工作。体育周结束后,学校相关部门应注意做好后续管理工作。

(2)校园"体育日"。一般会占用一天或半天的时间,通常会与有意义的节日或体育形势(重大的国际、国内的体育活动)相结合。体育日期间学校可组织进行专题性的体育主题活动,开展体育教育和锻炼。在管理过程中,既可以组织全校性的活动,也可根据年级、班组灵活组织各种体育活动。

通常全校性课外活动的实施首先要征求各方面意见后报主管校长,经批准后方可实施。

第三节　课余体育训练与竞赛管理

一、课余体育训练管理

课余体育训练是为竞技体育培养后备人才的一种体育教育过程,目的是发展具有体育特长学生的体能和身心素质,提高他们某项运动的技术水平,主要在课余时间安排训练。

(一)课余体育训练目标

(1)提高学生对体育的认识,使其掌握一些专项与非专项技术、战术和知识。

(2)促进身体的正常发育,提高各系统器官的功能,发展体能。

(3)培养学生良好的体育道德作风和顽强的意志品质,为进一步的专项运动训练打下身体、心理、技术、战术和思想品质的良好基础。

(4)课余体育训练要使学生运动员在各类比赛中发挥最佳运动水平,创造优异成绩。

(5)为提高运动技术水平输送优秀体育后备人才和群众性体育骨干服务。

(二)课余体育训练特点

(1)广泛性。只要愿意参加的学生,都能加入训练队伍,因此,课余体育训练具有广泛的学生基础。

(2)基础性。学生是课余体育训练的对象,他们处于生长发育的重要时期,在年龄特征、课余训练以及运动训练方面有着一定的规律。根据这些规律,课余体育训练中应该抓好学生体育素质和基本技术的训练。

(3)强负荷。在学校体育课余训练中,为了达到预定的训练效果,往往会增加训练负荷量。但这种大负荷量要从学生的实际情况出发,符合学生机体和心理适应能力。

(4)多样性。课余体育训练项目较多,训练内容具有多样性的特点。这是因为,参加训练的学生具体情况不同,为了使每个训练者获得理想的训练效果,必须根据实际情况采用多样化的训练手段。

(5)业余性。学生的主要任务是学习,运动训练只是辅助。学生体育训练的主要时间是在课余,多在课后、节假日开展。

(三)课余体育训练形式

1.学校运动队

学校运动队是课余体育训练最富有活力的训练组织之一。主要有班级代表队、年级代表队以及学校代表队等。

学校运动队代表本校参加各种级别的比赛,提高运动水平。而在训练队的学生与本校其他学生又是紧密联系的,这使得学校运动队在普及体育运动知识和技术,促进学校课外体育活动开展等方面也能够起到积极作用。学校运动队特别注重选材,主要挑选学习努力、身体健康,并且有一定运动专长或具有培养条件的学生。

(1)运动队训练管理的主要内容。运动训练的业务管理、运动员的文化学习管理等,都是训练管理的主要内容。

①运动训练的业务管理:对运动训练过程进行专项技术能力形式的过程管理,就是所谓的运动训练的业务管理,具体来说,其管理的步骤主要包括以下几个方面。第一,规划目标及建立模型。第二,选拔运动员。第三,制订各类训练计划。第四,有效地组织和控制训练的过程。

②运动员的文化学习管理:文化教育与提高现代型优秀运动队伍素质、促进科学训练、提高运动技术水平和培养运动人才有着非常密切的关系。特别是现代社会,科学技术的进步对运动员的文化有着更高的要求。另外运动队文化学习的组织安排,也使运动队的管理质量得到了有效的提高。具体来说,对运动队的文化管理的要求主要有以下几个方面。第一,建立一个健全的文化学习管理机构。第二,建立一套包括考勤、学籍管理、奖惩等内容的完整的管理制度,并严格要求学生执行,坚决落实。第三,采取灵活多样的方式,对学习时间进行科学的安排,并将其落实好。

(2)运动队训练管理的注意事项。①教练要尽可能地将运动员的主观能动性调动起来。

②要让运动员对教练员设计的训练计划中的每一环节的作用和意义有充分的了解和认识。

③在管理的过程中,要善于听取运动员的不同意见,根据不同意见来使管理程序进一步完善,从而使他们自觉地、积极地执行训练计划,加快他们成才的进程。

④教练员还要善于创造训练气氛和环境,严格要求、严格训练。

2. 体育特长班

体育特长班多在中小学校出现,主要是针对有运动天赋的学生进行特殊培训而形成的课余体育训练形式。体育特长班由学校组织教师或教练员,招收本校或周边学校中有一定体育特长的学生来进行课余体育训练。一般的,体育特长班采用的是自愿、业余的方式,有的学校会采用有偿训练的方式。

3.体育俱乐部

体育俱乐部是在新的时代背景下产生的一种新的课余体育训练的组织形式。随着高校体育改革不断深入,课外体育活动越来越丰富多彩,为了满足学生的需要,高校组成了各种形式的体育俱乐部,其中一些体育俱乐部带有运动训练性质,于是成为新型的学校课余体育训练形式。

体育俱乐部组织形式是体育社会化和教体的结合,有一定的经济实体作为依托,训练条件有充分保障。体育俱乐部的主要任务是培养大学生体育兴趣和爱好,增强学生体质,使之养成终生体育锻炼的良好习惯,并发现和培养体育人才。

(四)课余体育训练的管理体制

目前,我国的体育训练管理机制主要由以下几个部门组成:国家体育总局竞技体育司;省、市、自治区体育局运动训练处;单项运动协会;职业运动俱乐部。每一个部门都有其各自的职能,具体如下。

(1)国家体育总局竞技体育司是我国运动会管理的重要机构。它的职责主要有以下几个方面:第一,研究拟定学校体育发展的总体规划;第二,研究和平衡全国性学校体育赛事制度;第三,统筹协调重大国际、国内综合性学校运动会的组织与举办;第四,主办全国大学生运动会。

(2)各省、市、自治区体育局运动训练处是各省、市、自治区体育局的下属职能部门之一,这个部门的职责主要表现为:第一,落实国家体育方针政策;第二,做好地方学校课余体育训练的监督和评估;第三,举办省内的运动会等。

(3)成立单项运动协会的职责主要包括:第一,培养该项目的运动员;第二,做好该项目的训练与运动会;第三,促进该项目在社会上的普及。

(4)职业运动俱乐部的主要职责在于推动某个运动项目的发展。

(五)课余体育训练的管理过程

课余体育训练的管理过程涉及运动队组建、训练计划的制订、训练内容的确定、训练方法的运用以及训练效果的评价等,具体如下。

1.组建校运动队

(1)确定训练项目。学校课余体育训练运动队组建,首先要确定训练项目,不然后续工作无法开展。从实际情况出发是确定训练项目要考虑的最重要问题。一般的,先集中精力从一两个项目开始训练,这是刚开始建立运动队的学校需做的工作。而对运动队进行扩充和提高,则要以提高水平为基础,以实际情况作为根据。

(2)选拔运动员。在体育训练开始前,对运动员的选拔可参照竞技体育运动员选材的步骤,并按照运动项目的特点和要求来进行;要对部分学生进行各种能力与相关因素的测试,还要进行较长时间的考察。学校课余体育训练选拔运动员常用的测试指标包括身体形态指标、生理机能指标、身体素质指标。此外,还要考虑遗传、年龄、运动素质发展的敏感期、心理素质、家庭社会在过去和未来对学生的影响等因素。

(3)选择指导教师。体育训练的指导教师可以由本校的体育教师担任指导教师或教练员,其他有体育专长的老师也在选择之列。条件较好的学校可以聘请业余体校的教练或体育俱乐部的教练。由于学校课余体育训练的对象是学生,而学生不仅有自己的生物属性,也存在一定的社会属性,因此指导教师应具备一定的哲学、体育教育学、体育社会学等社会学科知识。

(4)建立规章制度。建立学校课余体育训练规章制度,要从学校教育规律和课余体育训练的特点出发。一般来说,需要建立的规章制度主要有以下几种。

①训练制度:把每周、每次的训练时间和要求都进行规定,建立严格的训练作息制度。

②奖惩制度:根据学生的学习情况采取一些应对措施,如对运动成绩和学习成绩均好的参训学生给予物质奖励或精神奖励;对两门课程不及格的学生运动员,停止其训练,补课考试及格后才能继续组织参加训练。

③比赛制度:主要包括对遵守纪律、服从裁判、尊重观众、团结一致、顽强拼搏、赛出风格、赛出水平等方面的具体要求。

④教练员责任制度:该制度的建立能使教练员具有高度的责任感,要求教师对学生的训练、学习、生活、思想等全面负责,保证训练工作正常进行。

⑤学习检查制度:给每个参训学生建立训练档案(包括运动员档案卡和运动员登记表),并做好运动队的工作日记,关注学生的情绪变化和学习情况,保证参训学生始终保持良好的训练状态。

2.制订训练计划

课余训练计划是课余体育训练顺利进行和训练效果得到提高的重要保证,学校课余体育训练计划及其内容如表5-1所示。

表5-1 课余训练计划类型及内容

训练计划类型	训练计划内容
年度训练计划	①上一年度训练情况和本年度的训练目标 ②学生身体素质、技战术、心理训练及训练指标和要求 ③全年训练阶段划分,各时期训练比重与内容及负荷安排 ④全年比赛的时间安排 ⑤检查评定训练效果的时间与方法等
阶段训练计划	①阶段训练内容 ②各阶段主要训练手段的选择和负荷量 ③各阶段训练过程,应切合学生实际
周训练计划	①周训练目标与要求 ②周训练次数与时间 ③每次训练课的内容和负荷、测验和比赛等
课时训练计划	①训练课的目标与要求 ②训练课的组织形式 ③训练课的内容与手段 ④训练课的时间与负荷安排等

3. 安排训练内容

(1)身体训练

通常情况下,可以将身体训练分为两种类型,一种是一般身体训练,另一种是专项身体训练。这些对身体各方面素质的提高都有很重要的作用。由于学生训练的水平有所差异,因此,这就要求分别对待,初学者或者运动水平不高的要以一般训练为主,水平较高或参加了多年系统训练的学生,则以专项身体训练为主。

(2)技术训练

技术训练具体是指学习、掌握和提高运动技术的训练过程。技术是充分发挥运动员身体能力的条件,是发挥战术作用的基础,只有掌握娴熟的技术,才能够创造优异的成绩。学校课余体育训练中,技术训练包括基本技术训练和高难技术训练两方面。基本技术是掌握高难技术的基础,因而在训练中不能忽视。高难技术是专项运动技术中难度较大、比较复杂和要求较高的一些动作。

(3)战术训练

战术训练的基础是一定的身体训练和技术训练。一般来说,可以将战术训练分为两个方面,即一般战术训练和专项战术训练。在高校体育训练中,战术训练以一般战术训练为主。战术训练以意识的培养为重点,因此,要指导学生对运动项目的基本规则和战术的基本内容熟悉并熟练掌握,为学生了解技术和战术变化的基本规律提供一定的基础,使学生熟悉战术的变化,从而进一步提高其战术的运用能力。

(4)心理训练

心理训练是课余体育训练的重要内容之一,进行心理训练要考虑学生的不同年龄、性别、训练水平等实际情况,使学生的心理调控能力得到培养,提高其对复杂比赛环境的适应性,以获得优异的成绩。

(5)品德与作风训练

品德与作风是一个人综合素质的体现,课余体育训练的重要目标之一即将学生培养塑造成一个全面的、完整的人,这就离不开品德与作风的训练。在课余体育训练过程中,进行品德与作风训练可以施行爱国主义和集体主义教育,培养高校学生良好的意志品质和团结协作精神,使其尊重同伴和对手,养成胜不骄败不馁的体育道德风尚。

4.选用训练方法

正确的训练方法是体育课余训练获得理想效果的重要保证。合理运用训练法必须结合项目特点合理安排负荷,在内容和形式的选择上做到与学生特点相适应,同时要明确训练目的与任务,及时纠正学生的错误动作。各种训练方法有自己的特点和作用,因而在应用时一定要从实际出发,做到灵活性和创新性。

5.评价训练效果

对课余体育训练进行评价是课余体育训练管理的重要方面,有利于了解训练成绩和效果,总结经验和监控训练过程,保证课余体育训练的科学性。训练效果的评价主要从身体素质水平、技战术训练水平、运动成绩和运动员输送率的评价方面得到体现。

（1）身体训练水平评价：对身体生长发育情况的衡量，其主要包括对身体形态、生理功能和身体素质等方面的评价。

（2）技战术训练水平评价：对学生的训练效果的衡量；运动成绩的评价要求尽量做到客观、公正。

（3）运动员输送率的评价：对管理者充分了解课余体育训练的效果是有一定帮助的。

二、课余体育竞赛管理

课余体育竞赛是指在课余时间进行的，以争取优胜为目的，在校内、外组织学生进行的，根据正规、简化的规则所进行的个人或集体的各种运动竞赛活动。

（一）课余体育竞赛目标

（1）提高学生的运动水平。

（2）培养学生良好的意志品质，培养学生的团队协作意识，提高学生的社会适应能力。

（3）及时检查和了解学校体育活动的开展情况，加强教师和学生之间的交流。

（4）推动学校群众性体育运动广泛开展。

（二）课余体育竞赛特点

（1）课余性。与课余体育训练相同，课余性也是课余体育竞赛的一大特点，同时也是课余体育竞赛与其他运动竞赛的区别之一。作为课余体育竞赛的对象的学生应以学业为主，只有在完成学习任务的基础上才能进行课余体育竞赛，因此课余体育竞赛主要是在学生的课余时间或节假日进行，体现出了课余性的特点。

（2）群众性。与专业竞赛不同，课余体育竞赛的目的主要是锻炼学生的身体，应该是面向全体学生的，因此，竞赛项目设置、规则制定要从全体学生出发。

（3）教育性。通过比赛，可以使学生的团队精神和拼搏精神得到培养，在比赛中，学生也养成了遵守纪律的好习惯，有利于良好品行的培养。

（4）多样性。课余体育竞赛的项目、组织形式、场地、器材和方法复杂，这都体现了其多样性的特点。课余体育竞赛要想吸引、鼓励更多的学生参与进来，必须做到多样性。

（三）课余体育竞赛形式

课余体育竞赛有校外竞赛和校内竞赛之分。其中，校外竞赛主要是校际交流竞赛；校内竞赛可分为综合性和单项竞赛。具体来说，高校课余体育竞赛的组织形式主要有以下几种。

（1）校际交流竞赛：多为单项交流赛，能够为了加强学校之间的交流、宣传学校、提高学校的知名度。

（2）学校运动会：多个运动项目在同一时段进行，是学校规模最大的竞赛活动。目前，学校田径运动会，或篮球、排球、足球及田径等多个运动项目的综合运动会是最常见的形式。

（3）学校单项运动竞赛：只进行一个运动项目的竞赛，项目单一，工作简便，易于组织开展和管理。

（4）学校单项娱乐性竞赛：由师生自创，民间流传的以及学生喜闻乐见的体育竞赛，如踢毽子、跳绳等。此类竞赛对参与者的限制较少，可广泛开展。

（5）学校季节性单项竞赛：以一些对季节要求很高的竞赛项目为主举办的体育竞赛，如冬季长跑等，易成为学校的传统竞赛项目。

（四）课余体育竞赛的管理过程

以高校院校运动会为例，对高校课余体育竞赛整个过程的管理具体如下。

1. 设立竞赛组织

组建运动会组织机构是运动会组织管理工作的重要环节。各种运动会的组织机构一般采用委员会制，运动会的组织委员会是全面领导整个运动会组织工作的最高机构，它的机构编制、人数可根据本校运动会性质和规模来确定。

（1）竞赛组织委员会：通常由党、政、工、团、体育教研组（室）、总务处、学生会、医务人员等组成，全面负责竞赛工作，制订计划，审批相关文件。秘书组、宣传组、竞赛组和后勤组是可设立的办事机构。

（2）体育教研组（室）：负责各种球类、操类比赛等，并会同班主任或年级主任统一安排，具体由体育教师分头组织进行。

（3）团、队、学生会：负责举办一些简单易行的群众性的比赛活动，如跳绳、拔河、踢毽子、登山、越野跑、接力跑等。

（4）班内组织：在班主任和班级体育委员的组织安排下进行小型多样的比赛。

2.确定竞赛方案

运动会组织方案大体包括以下内容:运动会的名称和目的任务;运动会的主办与承办单位;运动会时间与地点;运动会的规模;运动会的组织机构;运动会的经费预算以及运动会的工作步骤。

3.制订竞赛计划

运动会的组织委员根据运动会规程、组织方案和责任分工,拟订各职能部门的具体工作计划和有关行为规范,并经组委会讨论审定通过后执行。

制订体育竞赛日程计划时,要考虑其群众性、可行性、常规性和简便性;充分考虑学生的特点和本校的实际情况;考虑学校教育计划、季节特点、节假日等因素,合理安排运动竞赛时间和次数;校运会、学校体育传统项目等重点比赛应安排在比较固定的时间进行;合理安排各赛事顺序,以方便督促、检查。体育竞赛日程计划主要包括竞赛项目、竞赛时间、竞赛地点、参赛单位、参赛人数和主办单位等内容。

4.制定竞赛规章制度

运动会规程是组织实施学生运动会的主要规章制度,是本届(次)运动会活动组织管理的权威文件和指导文件。运动会规程的主要内容包括运动会的名称、时间、地点、参加单位、项目、组别、参赛办法、比赛办法、仲裁委员会组成等。

5.编制竞赛秩序册

运动会秩序册是运动会组织和实施的文字依据,它由运动会的管理竞赛部门负责编制,报组委会审定通过后在运动会举办前下发。运动会秩序册后可附上学生、教练员、裁判员守则及各种评优条例等。

6.确定竞赛方法

课余体育竞赛常用竞赛方法主要有以下四种。

(1)淘汰法:淘汰法是指在竞赛过程中逐步淘汰成绩差的,最后决出优胜者的方法。淘汰法的优点是比赛时间较短;缺点在于除第一名外,竞赛的真实水平难以通过其余名次得到反映,选手之间缺少相互学习的机会。对此,可用补赛法、种子法等方法,来弥补淘汰法的不足。

(2)循环法:循环法是指参赛者在竞赛中都按照一定的次序相互轮流比赛,最后结合全部比赛的胜负决定名次的竞赛方法。常在一些集体项目的球类比赛和其他对抗性项目的比赛中应用。循环法包括单循环、双循环、分组循环三种形式。

①单循环。所有参加比赛的队之间均要轮流相遇一次,名次的决定以最后各队胜负场次的积分为根据。单循环的比赛形式能客观地反映竞赛的真实水平。

②双循环。参赛运动队先后进行两次单循环的比赛方法。参赛队在比赛中均能相遇两次,名次按照最后各队在全部比赛中胜负场数的积分多少来排列,能使各队充分发挥水平,但赛期较长,耗时较多。

③分组循环。先把所有参赛队进行分组,然后在组内以单循环的形式进行比赛,将各小组的名次排出,然后根据名次进行重新分组。分组循环可以节省比赛的场次和比赛的日期,又能客观反映各队的名次,因此经常被采用。

(3)顺序法:参赛者按一定的顺序表现成绩,这种比赛方法称为顺序法。采用顺序法进行比赛的运动项目,其运动成绩一般以客观标准进行确定,如时间、距离、重量、环数等。顺序法包括分组顺序法和不分组顺序法两种形式。分组顺序法可以根据组数多少采用预赛、复赛、决赛;不分组顺序法要求在同一比赛时间内不能同时有两人以上(含两人)进行比赛。

(4)轮换法:轮换法是指让参赛者在同一比赛时间内,按照一定的顺序(规定好的轮换顺序)依次进行不同项目的比赛。其优点是能够节省比赛时间。

7. 开幕式的组织管理

高校学校运动会开幕式的组织工作可由组委会任命 3~5 人,分工合作,组成临时指挥小组具体负责。运动会的开幕式应既庄严隆重、热烈欢快,又紧凑精练、完满安全。

运动会的开幕式程序主要为:宣布开幕式开始,裁判员、学生入场,奏乐(国歌、会歌)升旗,领导人致开幕词,学生代表讲话(或宣誓),裁判员、学生退场,开幕式表演开始,宣布开幕式结束。

8. 竞赛活动管理

运动会期间要有指挥管理人员深入赛场进行第一线指挥管理,这也是比赛活动顺利进行的重要保证。对比赛活动实行全面、具体的组织、领导与管理。管理要准确、及时、果断,如果出现问题,要迅速召集现场办公会、仲裁委员会或组委会会议研究讨论。

9. 竞赛人员管理

运动会期间的人员管理,主要包括对裁判员、运动队(员)及观众的管理。

对裁判员的管理要求其不仅要具有高尚的职业道德教育,做到公平、公正、公开,同时,还要求其杜绝不良裁判作风。

对参赛运动队(员)的管理尽量采取分级管理办法,提出统一要求和具体规定,并做好参赛队伍之间的协调工作,对各队之间出现的问题进行及时处理。

对观众的管理,组委会应寻求防患于未然的系统的预防治理方法,如当比赛激烈时,组委会对观众的管理不当很可能会造成比赛无法进行。因此,必须要制订相关的管理计划方案和措施。

10.竞赛成绩与名次评定管理

正确地评定学生在课余体育竞赛中的成绩和名次,有利于学生准确认识自己,使学生的运动技术水平得到提高,同时,促进学校群众性体育活动的开展。

在评定竞赛成绩与名次时,要根据实际情况,选用正确合理的方法,并在遵守竞赛规程和规则规定的前提下进行,力求做到客观准确。

11.体育竞赛的后勤管理

良好的后勤管理能保证高校运动会的顺利进行,运动会的后勤管理工作包括认真检查运动会场地、设备和器材的布置与使用管理情况,落实学生、裁判员的用餐、沐浴、安全工作,监督运动会的预算执行情况,运动会的伤病防治和临场应急准备等。

12.体育竞赛的后续管理

(1)为参赛队伍办理离开手续。

(2)借调人员返回原单位。

(3)汇编成绩。

(4)填报等级学生和破纪录成绩。

(5)做好财务决算。

(6)及时处理运动会的物资。

(7)举办评比表彰、鸣谢活动。

(8)做好工作总结。

(9)整理文档资料。

(10)评比表彰工作。对参与竞赛管理工作的单位和个人、支持与协助大会的单位和个人等进行表彰和表示感谢。

第六章　篮球训练与教学

第一节　篮球运动概述

篮球是指两队在规定的场地内,通过集体配合用手把球投进对方防守球篮得分的对抗性球类运动。

篮球起源于美国,1891年由美国东部马萨诸塞州斯普林菲尔德市(春田市)基督教青年会训练学校体育教师詹姆士·奈史密斯博士发明。1904年在第3届奥运会上首次进行了篮球表演赛。1908年美国制定了全国统一的篮球竞赛规则,并用多种文字出版,发行于全世界。这样,篮球运动逐渐传遍美洲、欧洲和亚洲,成为世界性的体育项目。

1932年国际篮球联合会成立,总部设在德国的慕尼黑。1936年第11届奥运会男子篮球被列为正式比赛项目,并统一了世界篮球竞赛规则。1976年第21届奥运会女子篮球才被正式列为比赛项目。国际篮球联合会管辖的主要世界性比赛有奥运会篮球赛、世界篮球锦标赛、世界篮球俱乐部锦标赛和国际篮联杯赛。

篮球运动在1896年前后由天津中华基督教青年会传入中国。1914年第2届全国运动会男子篮球被列为正式比赛项目,直至1930年第4届全国运动会,女子篮球才被列为正式比赛项目。中国男子篮球队1913—1934年共参加了10届远东运动会,并在1921年上海举行的第5届远东运动会上获得冠军。此外,中国男子篮球队还参加过1936年举行的第11届奥运会篮球赛和1948年举行的第14届奥运会篮球赛。

中华人民共和国成立后,我国的篮球运动蓬勃发展,并实行等级联赛制度,运动技战术水平迅速提高,跃进到世界前列,在国际上享有较高声誉,在国际重大比赛中取得了骄人战绩。如1992年第25届奥运会女子篮球获得亚军。

在现代篮球运动中,美国的篮球运动发展最快,其篮球职业联赛(NBA)代表了世界篮球的最高水平。我国以中国男子篮球联赛(CBA)的水平最高,并涌现出姚明、易建联、巴特尔等世界级的优秀选手。而中国大学生篮球联赛（CUBA）则是我国高校最高级别的篮球比赛，它一方面丰富了大学生的业余生活，另一方面给热爱篮球的大学生提供了一个展示篮球天赋的舞台。

第二节　篮球基本技术

一、移动

移动是队员在比赛中为了改变位置、方向、速度和争取高度所采用的各种脚步动作的总称。它是篮球攻防技术的基础，目的是进攻时摆脱防守，防守时控制对手，以争取主动。为了保证更好地发挥攻防技术，随时向各个方向和位置移动，队员必须有一个正确的站立姿势，即基本站立姿势。基本站立姿势为：两脚前、后或左、右开立，与肩同宽。两腿微屈，上体稍前倾，目平视，重心落在两脚之间，两臂屈肘自然置于体侧（图6-1）。

（一）移动的方法

1. 起动

起动是队员由静止状态变为运动状态的一种动作，是获得位移初速度的方法。

动作要领：由基本站立姿势开始，向前起动时以后脚或向侧起动时以侧脚的前脚掌有力地蹬地，同时上体向前或向侧移动，重心移向移动方向，手臂随之协调摆动，迅速向移动方向迈出。

2. 跑

跑是为了完成攻防任务，争取时间而采用的脚步动作。比赛中运用较多的跑动方法有以下几种：

图6-1　站立姿势

（1）变速跑。变速跑是队员在跑动中利用速度的变化完成攻防任务的一种方法。动作要领：加速时上体前倾，前脚掌用力向后蹬地，同时迅速摆臂，前两步加快频率。减速时上体抬起，步幅加大，前脚掌抵地缓冲，降低跑速。

（2）变向跑。变向跑是队员在跑动中利用方向的变化完成攻防任务的一种方法。动作要领:从右向左变向时,右脚前脚掌内侧用力蹬地,同时脚尖稍内扣,屈膝,腰部左转,上体向左前倾,同时移动重心,左脚向左前方迈出,加速前进。

(3)侧身跑。动作要领:向前跑出时,脚尖朝向跑动方向,头和上体转向球的方向,以便观察场上情况。

(4)后退跑。动作要领:后退跑动时,用两脚的前脚掌交替蹬地向后跑动,上体自然放松挺直,两臂曲肘协调摆动,保持身体平衡,两眼平视,观察场上情况。

3.滑步

滑步是防守移动的一种主要方法,可分为侧滑步、前滑步和后滑步。

(1)侧滑步。动作要领:以向左侧滑步为例,左脚向左跨步,脚落地的同时,右脚前脚掌内侧用力蹬地,跟随左脚贴地滑动向左脚靠拢,两脚不交叉,身体保持平衡,重心稳定不起伏,两臂体侧张开(图6-2)。

图6-2　侧滑步

(2)前滑步。动作要领:向前滑步时,前脚向前跨出一小步,后脚掌内侧用力蹬地向前滑步,仍保持两脚开立姿势,两臂侧伸。

(3)后滑步。后滑步和前滑步的动作结构相同,只是滑行的方向和用力方法不同。

4.急停

急停是队员在场上运动中采取的突然制动的一种脚步动作,可分为跨步急停和跳步急停两种。

(1)跨步急停,也称"两步急停"。动作要领:队员在快速跑动中,先向前跨出一大步,上体后仰,重心降低后移,跨出脚的脚后跟着地,然后过渡到全脚掌抵住地面,同时迅速屈膝,然后再上一小步,脚尖稍内转,前脚掌内侧蹬地,屈膝,身体稍侧转微前倾,重心落在两脚之间,两臂屈肘自然张开,保持身体平衡。

（2）跳步急停，也称"一步急停"。动作要领：队员在行进中，用单脚或双脚起跳，上体稍后倾，两脚同时落地，落地时屈膝，两臂屈肘微张，保持身体平衡。

5. 转身

转身是以一脚作为中枢脚，另一脚围绕中枢脚向前、后跨步，同时旋转身体，从而改变身体运动方向的一种脚步动作。

动作要领：转身前，两脚开立约与肩宽，两膝微屈，上体稍前倾，重心落在两脚之间。转身时，重心移到中枢脚，提踵，以前脚掌为轴，移动脚前脚掌内侧蹬地，并与上体转动相配合，重心下降并保持水平，上体随移动脚转动。在动作过程中，要保持身体平衡，以便连接下一个动作。

转身有前后之分，移动脚从中枢脚脚尖前绕过的转身叫作前转身，移动脚从中枢脚脚跟后绕过的转身叫作后转身。

6. 交叉步

由攻转守寻找对手或防守队员失去防守位置时，可以用交叉步迅速追随对方再过渡到滑步继续防住对手。

动作要领：以向左侧交叉步为例，右脚用力蹬地，迅速从左脚侧前方迈出，上体稍左转，右脚落地的同时左脚向左跨步，两脚依次交叉移动。

（二）移动技术易犯错误及纠正方法

（1）起动时蹬地无力，腰腹力量差，跟不上动作速度。

纠正方法：可采用原地慢速跑的练习，体会起动时的蹬地动作。教师可在需要蹬地的时候给学生以力量，帮助其体会蹬地用力的感觉。

（2）移动时手脚配合不协调，变向跑时不能控制好身体重心。

纠正方法：在变向处用线标出跑的方向，强调手脚协调配合，可按教师的口令或信号，由慢速到快速进行练习。

（3）急停时停不稳，身体重心前移。

纠正方法：教师可用慢动作进行示范和讲解，并强调急停动作的重点。可采用学生自抛自接球急停，由慢到快进行练习。

（4）转身时未用中枢脚的前脚掌作轴，转动慢，重心不稳。

纠正方法：在练习中可先采用听口令从慢到快做转身练习，也可采用给以压、按、推、转的力量帮助练习，还可采用两人一组一球，一人转身，一人抢球进行练习。

（5）滑步时重心起伏,影响动作的速度和幅度。

纠正方法:可采用两人一组,面对面,按一定路线进行练习。还可采用将布带放在颈部,练习时保持布带必须触地,纠正身体重心过高的错误。

（6）移动时低头,不注意观察场上情况。

纠正方法:可采用看教师手势所指的方向和报数的方法进行练习或组织竞赛性的练习,帮助学生提高观察判断能力。

二、传球和接球

（一）传球

传球是进攻队员之间有目的地转移球所采用方法的总称,是组织进攻的纽带。传球技术的好坏,直接影响战术完成的质量。成功的传球既能发挥全队的集体力量,创造更多、更好的投篮得分的机会,又可起到声东击西的作用,打乱对方的防御部署,达到本队进攻的目的。

常用传球方法有双手胸前传球、双手低手传球、双手头上传球、单手肩上传球、单手胸前传球和勾手传球等。

1. 持球

动作要领:两手自然分开,拇指相对成"八"字,用指根以上部位握住球的两侧后方,手心空出,两臂弯曲,肘关节下垂,持球于胸前(图6-3)。

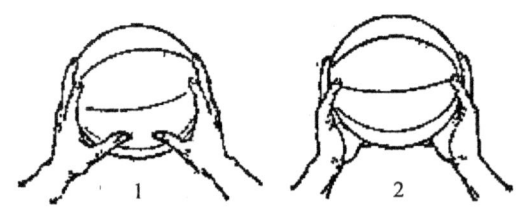

图6-3 持球

2. 双手胸前传球

双手胸前传球是双手持球于胸前将球传出的方法。它是最基本、最常用的传球方法,可在不同方向、不同距离中使用,常与投篮、突破等动作结合使用。

动作要领:两手持球于胸前,原地近距离传球时,前臂短促地向前伸,手腕由下向上转动,再由内向外翻,急促抖腕,同时拇指下压,食指、中指用力弹拨,将球传出。传球后手心和拇指向下,其余四指向前。原地远距离传球时须加大腿部蹬地、展腰、伸上臂的幅度,使全身协调用力。可在原地和跑动中进行练习(图6-4)。

图6-4　双手胸前传球

3. 双手低手传球

双手低手传球是一种近距离递交球的传球方法。多在内线队员进行策应或外围队员交叉跑动时使用。

动作要领:双手持球置于腹前或腰侧,上体稍前倾,两脚左右或前后开立。传球时,手指由下而上翻转,同时用小指、无名指和中指的指端用力拨球,将球柔和地传出。

4. 双手头上传球

双手头上传球是双手持球于头上,向前或向后将球传出的方法。这种传球方式出手点高,摆臂动作幅度小,便于与头上投篮结合,但不利于与突破、运球及其他隐蔽传球动作相结合,适合高大队员使用,多用于中近距离传球。

动作要领:双手举球于头上,两肘弯曲,肘和手心向前,近距离传球时,小臂内旋前摆,手腕前扣外翻,同时拇指、食指和中指用力向前拨球,将球传出。传球距离较远时,脚蹬地,摆动腰腹,带动上臂发力,前臂向前甩,腕、指用力前扣,将球传出。跳起头上传球时,双手举球于头上,跳到最高点时,腰腹用力,两臂前摆,手指用力拨球,将球传出。

5. 单手肩上传球

单手肩上传球是单手持球于肩上将球传出的方法,常用于抢得篮板后的长传快攻。

动作要领:以右手传球为例,右手持球,五指自然张开,左脚向传球方向迈出,同时引球于右肩上方。出球时,下肢发力转腰、转肩,前臂前摆,并迅速向前扣腕带动食指、中指和无名指用力将球传出。

6. 单手胸前传球

单手胸前传球是双手持球于胸前,用单手将球传出的方法,多用于近距离传球。

动作要领:以右手传球为例,两手持球于胸前,传球时,上体稍左转,左手离开球,右手持球侧后下方,手腕后屈,急促向前扣,并稍内翻,同时食指、中指、无名指用力拨球,将球传出。

7. 单手体侧传球

单手体侧传球是一种近距离的隐蔽性的传球方法,多在向内线队员传球时使用。

动作要领:传球时,右手引球到身体右侧并向前做弧线摆动,拇指向上,手心向前,手腕前屈,食指、中指用力拨球将球传出。

(二)接球

接球是接受和捕获球时所采用方法的总称。它是抢篮板球和断球的基础。正确的接球动作对减少传球失误,弥补传球不足,截获对方传球及提高个人能力起重要作用。常用的接球方法有双手接胸部高度的球、双手接头部高度的球、双手接低于腰部的球、双手接反弹球、单手接球和跳起接高球等。

1. 双手接胸部高度的球

这是最基本的接球方法,它握球牢固、稳定,易于转换成其他技术动作。

动作要领:接球时,伸手迎球,指端触球,双手迅速后引,持球于胸腹之间。

2. 双手接头部高度的球

动作要领:与双手接胸前高度的球相同,只是伸臂接球时,双手伸向前上方。

3. 双手接反弹球

动作要领:迎球跨步,上体前倾,两臂迎球向前下方伸出,五指自然分开,在球刚离地或弹起至腰部高度时将球接住(图6-5)。

图 6-5　双手接反弹球

4.单手接球

单手接球控制的范围广,能接不同方向的球,有利于队员快速、灵活地发挥技术。

动作要领:接球时,眼睛注视来球,单手迎球伸出,手掌成勺形,当指端触球时,手臂顺势将球向后下方引,另一只手立即协助握球,保持身体平衡。

(三)传、接球技术易犯错误及纠正方法

(1)接球时手形不正确,无缓冲动作。

纠正方法:可组织两人一组一球,一人单手举球或轻轻抛球,另一人以正确的手形去接球,以帮助学生体会动作,也可在慢速传球中练习接球动作。

(2)持球手形不正确,掌心触球,传出的球无力量。

纠正方法:可采用两人一组,一人持一球互相做推传练习(即模仿性传球练习),帮助学生体会正确的持球和出手用力方向。

(3)双手持球或传球时,肘关节外张。

纠正方法:要求手腕、手指放松,肘关节自然下垂,可组织学生多做些模仿练习,帮助他们掌握正确的动作。

(4)双手传球时用力不一致,传出的球侧旋,两手有交叉动作。

纠正方法:可先采用两人一组做双手持球或不持球的模仿性传球练习,体会传球动作的连贯性和上下肢动作配合的协调性。然后采用两人一组(由慢到快,由近到远)的传球练习,或者采用持球对墙练习传球方法,体会出手动作和上下肢协调配合的感觉。特别要注意两手同时翻腕和拨指的动作。

（5）单手传球时臂肘外展，形成推铅球式传球和甩球。

纠正方法：可采用徒手模仿传球动作的练习，体会蹬地、转体、挥臂、甩腕的协调动作要领。或者采用两人一组一球相对传球动作练习，体会动作要领。然后拉大传球的距离，提高传球技术运用能力。

（6）行进间传接球时，手与脚步动作配合不协调，腾空过高。

纠正方法：可采用在慢速中先传接固定球的练习，再进行跑动中传接球的练习，体会动作要领。

三、投篮

投篮是进攻队员运用各种手部动作将球投进对方篮筐所采用方法的总称。它是关键性的进攻技术，得分的唯一手段。投篮分单手投篮和双手投篮两大类。按出手前球置于身体部位的不同可分为胸前、肩上、头上等投篮方法；按投篮时身体的移动方式可分为原地、行进间和跳起投篮；按投篮的距离远近可分为近、中、远距离投篮；按投球入筐的方式可分为擦板投篮、空心投篮和扣篮等。

1. 原地单手肩上投篮

动作要领：以右手投篮为例，右手持球于右肩上，左手扶住球的左侧，两脚开立，右脚稍前，重心落在两脚上。投篮出手时，下肢蹬地发力，右臂抬肘向前上方伸直，手腕前屈，食指、中指用力拨球，使球后旋转，身体随投篮动作向前上方伸展，脚跟微提（图6-6）。

图6-6　原地单手肩上投篮

2.原地双手胸前投篮

动作要领：双手持球于胸前(可高一些)，肘关节自然下垂，两膝微屈，上体稍前倾。投篮出手时，下肢发力，腰腹伸展，两臂前上方伸出，拇指稍用力向前上方压送球，两手腕同时外翻，用拇指、食指、中指拨球将球投出。

3.原地跳起单手肩上投篮

动作要领：以右手投篮为例，双手持球呈基本站立姿势，起跳时，下肢用力蹬地垂直向上跳起，同时举球于右肩上方，当身体达到最高点时，左手离球，右臂抬肘伸臂，手腕前屈，食指、中指用力拨球通过指端将球投出，落地时两脚前脚掌着地，屈膝缓冲。

4.急停跳起投篮

急停跳起投篮是进攻队员在行进间运用突然急停摆脱防守队员后投篮，可分为持球急停跳投和运球急停跳投两种。接球急停跳投是在快速移动中，用跨步或跳步急停接球，并及时起跳投篮的方法，它分运球急停跳投和突破结合跳投两种方式。

5.行进间单手高手投篮

动作要领：以右手投篮为例，投篮时，右脚跨出一大步接球，左脚跨出一小步并用力蹬地起跳，举球于头上，左手离开球，右手腕后翻托球，当身体接近最高点时，右臂向前上方伸直，手腕前屈，食指、中指、无名指用力拨球投篮。

6.行进间低手投篮

这是切入篮下时运用较广泛的投篮方法，它具有速度快、伸展距离长的优点。

动作要领：右手投篮时，步伐同上，起跳后右手托球下部，手心向上，指尖向前，手臂充分向球篮方向伸直，接着屈腕，食指、中指、无名指向上拨球，打板或空心投篮。

7.行进间反手投篮

动作要领：在上篮最后一步起跳时，上体后仰，抬头看篮，手掌向上，持球前部下方，当球到达最高点时，手腕沿着小指方向转动拨球，使球旋转打板入篮，也可空心入篮。

8.行进间勾手投篮

动作要领：右手勾手投篮时，左臂屈肘保护球，左肩侧对球篮，投篮手持球由胸前经体侧向右肩上方划弧举球,当球举至最高点时屈腕,手指拨球,使球旋转打板入篮,也可以空心入篮。出球时,右腿上抬,膝部弯曲以保持身体平衡。

四、运球

运球是持球队员在原地或移动中,用单手连续按拍由地面反弹起来的球时所采用方法的总称。运球是比赛中控制球、支配球、组成战术配合、快速推进和突破对手的重要技术。对创造有利进攻机会、发动快攻、破紧逼防守起着较大的作用。它主要包括原地运球、高运球、低运球、急停急起运球、体前变向运球、背后变向运球、胯下变向运球和运球转身等。

1. 原地运球

原地运球是其他各种运球的基础,也是篮球运动的入门技术之一。

动作要领:两膝微屈,重心下降,抬头,眼平视,五指自然分开,用指根以上部位通过手腕的上扬和下压球的正下方控制球,并用另一侧臂、肩、躯干和腿保护球。一般拍球的落点在同侧脚的外侧前方。

2. 高运球

高运球的特点是速度快,便于观察场上动向,一般在无对手阻挠的情况下运用。

动作要领:目视前方,上体稍前倾,手用力向前推按球的后侧上方,球的落点在身体侧前方,球反弹的高度在腰肩之间,运球时手脚协调配合。

3. 低运球

当受对手紧逼或处于对手防守区域时,常用低运球来控制球。

动作要领:抬头,目视前方,两膝深屈,身体半蹲,手短促地按拍球的后下方,球的落点在身体侧面,反弹高度在膝腰之间。

4. 体前变向运球

体前变向运球是指当对手堵截运球前进的路线时,突然改变运球的方向,借以摆脱防守的方法,包括体前变向换手运球和体前变向不换手运球两种。

①体前变向换手运球

动作要领:以右手运球为例,当防守队员向左侧移动时,运球队员突然变向,用右手拍球的右上方,使球从自己身体右侧变向左侧,同时右脚迅速向左前方跨出,上体向左转,用肩挡住对手,然后用左手拍球的正后上方,右腿跨出,从对手右侧突破。换手时,球要压低,动作要快。

②体前变向不换手运球

动作要领:以右手运球为例,变向时,将球从身体右侧推到身前的中间位置,手随球移至体前,再将球拉回到右侧,同时左脚向右侧前方跨出,上体右转插肩,以臂和腿护球,从防守的左侧突破。

5.运球急起急停

在对手防守较紧时,可利用运球急起急停来摆脱防守。

动作要领:在快速运球中,突然急停时,手按拍球的上方,使球垂直反弹,两膝深屈,目视前方。急起时,运球手的异侧脚前掌内侧用力蹬地,同时按拍球的后上方,加快运球速度,摆脱对手。

6.运球转身

当对手逼近堵截一侧时,可利用运球转身的方法来摆脱防守。

动作要领:以右手运球为例,运球在身体右侧,左脚跨前一步为中枢脚置于对手的两腿之间,右脚迅速蹬地后撤的同时,左脚脚前掌用力蹬地顺势做后转身动作,将球拉向身体的侧后方,同时用左手按拍球,从防守队员的右侧运球突破。

7.背后运球

动作要领:以右手运球从背后换左手时,右脚前跨,右手将球拉至右侧身后,迅速转腕按拍球的右后方,使球从背后反弹至左侧的前方,同时左脚向左前方跨步,换左手运球前进。

8.胯下运球

动作要领:以右手为例,变向时,左脚在前,右手按拍球的右侧前方,使球从两腿之间胯下穿过至身体左侧,上右脚换左手运球前进。

五、持球突破

持球突破是一种攻击性很强的技术,是完成个人进攻的主要手段。它是以运球和脚步动作为基础,由蹬、跨、侧身、探肩、推放球和加速等动作组成。运用时应结合投篮、传球、跨步等假动作,使之更具备攻击性和灵活性。持球突破的主要方式有同侧步(顺步)持球突破、交叉步持球突破、跳步急停持球突破和前、后转身持球突破等。

1. 原地同侧步持球突破

动作要领：以左脚为中枢脚为例，左脚内侧蹬地，右腿迅速向右前方跨出，同时上体右转探肩用右手推放球，左脚迅速前迈，超越对手。

2. 原地交叉步持球突破

动作要领：以左脚为中枢脚为例，先用假动作使防守队员重心右移，然后右脚内侧蹬地并向左侧前方迈出，上体左转探肩，左手推放球于右腿前侧，快速超越对手。

六、防守对手

防守对手是防守队员合理运用脚步移动和手臂动作积极地抢占有利位置，阻挠和破坏对手的进攻动作，并以争夺控球为目的的行动。它既是个人防守技术，又是集体防守的基础，可分为对无球队员的防守和对有球队员的防守两种。

(一)防守无球队员

比赛中，队员大部分时间是处于无球状态，防好无球队员极为重要。一旦无球队员摆脱防守空切篮下接到同伴的传球，就会使防守处于被动局面，威胁极大。

1. 防守无球队员的基本要求

(1)防止对手摆脱，做到"盯人为主，人球兼顾"。

(2)防止对手在限制区附近范围内接球，做好堵、卡、抢、断。

(3)积极破坏对手接球后的身体平衡，使其不便衔接下一个动作。做到"内紧外松、近球紧、远球松、松紧结合"。

(4)及时补漏，果断协防。

2. 防守无球队员的基本方法

(1)位置的选择：一般情况，防守队员应站在对手和球篮之间的内侧位置上，保持和对手有适当的距离和角度，以便正确合理地防守。

(2)积极的移动：必须有正确的防守姿势，以保证迅速及时移动阻挠对手。

(3)手臂的配合：移动中，手臂挥摆密切配合，扩大防守面积，以便更有效地阻挠对手接球或断球。

（二）防守有球队员

进攻队员有球时对防守队员是有威胁的，因此，必须尽力去阻挠他的各种进攻技术与战术的运用。

1. 防守有球队员的基本要求

（1）要站在对手与球篮之间的有利位置上进行防守。

（2）挥举两臂封阻投篮和传球，积极移动堵截运球与突破。

（3）不要轻易前扑与跳起而失去重心。

2. 防守有球队员的基本方法

（1）位置与距离的选择：在占据对手与球篮之间的有利位置的基础上，还要与对手保持适当的距离。

（2）防守动作：依据有球队员的特点、意图及与球篮的距离不同，防守有球队员有平步防守和斜步防守两种方法。

①平步防守。防守队员面对进攻队员，双脚平行开立，约比肩宽，重心降低。防守者的头要低于进攻队员的肩，防守距离为一臂，能摸到持球队员的胸，两臂屈肘，掌心向下放在进攻队员的胸前，并用前臂的伸缩和指、手腕的挑拨动作干扰和袭击进攻队员手中的球，使对手举球于头上或肩上。两脚随手的动作自然做碎步滑移，做随时启动的准备。当持球队员突破时，防守队员应迅速以对方运球方向的同侧脚向进攻队员的跨出脚前方做有力的滑动，张开双臂并随时准备抢堵进攻队员的球，置对手前脚于自己两脚之间，用胸对着进攻队员的肩，并继续以侧滑步抢占进攻队员的突破路线。

②斜步防守。防守队员面对进攻队员，两脚前后分立，后脚尖稍后于前脚跟，前脚对准进攻队员的中枢脚，宽步幅，降低重心，防守距离为一臂，前脚一侧的手臂能触及持球队员的胸，两臂屈肘，掌心向上放在进攻者的胸前以干扰和袭击进攻队员手中的球，两脚随手的动作滑动，随时准备启动。当持球队员向防守队员的前脚方向突破时，防守队员的前脚应迅速后撤接侧滑步，同时张开双臂并随时准备抢堵进攻队员的球。当持球队员的前脚落入自己的两脚之间时，转为横向滑动，并用胸对着进攻队员的肩，以抢占突破路线。如持球队员向防守队员的后脚方向突破时，防守动作方法同平步防守。

当持球队员运球突破时，防守队员应与之面对面，防守距离为一臂，运用滑步与后撤步,始终堵球于自己两脚之间,头低于对手的肩,并抖动手腕去破坏球(不能探身去够球,以免失去重心和犯规)。如防守被突破,防守队员应迅速追防并超越对手,用追堵步继续防住进攻队员。如持球队员被迫停止运球,防守队员应立即上前贴身防守,高举双臂,封住对手的传球路线。

第三节　篮球基本战术

篮球战术是指比赛中队员个人技术的合理运用和队员之间相互协调配合的组织形式和方法的总称,由技术、方法和形式三个基本要素组成。运用战术是为了更好地发挥本方的技术与特长,制约对方,掌握场上主动权,争取比赛的胜利。它主要包括进攻战术与防守战术两部分。按队员行动的组织方式分为个人战术行动、部分队员配合行动和全队整体行动。

一、个人战术行动

个人战术行动是队员在比赛中根据本队战术的需要、对方攻防特点和临场变化情况而采取的有针对性的策略行动。简言之,就是队员有针对性地运用技术独立作战的能力。它是队员身体、战术意识的综合体现,也是集体战术的重要组成部分,可分为个人进攻战术行动和个人防守战术行动两部分。

(一)个人进攻战术行动

个人进攻战术行动是通过队员在比赛中运用进攻技术实现的,其基本内容主要包括队员无球时的行动和有球时的行动。

1.队员无球时的行动

队员无球时的行动是队员根据战术的需要和临场实际情况进行移动,摆脱防守,调整位置及掩护去要球或不要球,配合全队的进攻来完成战术任务。

2.队员有球时的行动

队员有球时的行动是队员根据本队战术需要和临场实际情况,及时做出传球、运球、运球突破或投篮的行为。

(二)个人防守战术行动

个人防守战术行动是通过队员在比赛中运用防守技术实现的,其主要内容包括防守无球队员行动和防守有球队员行动。

二、战术基础配合

战术基础配合是指两三名队员组成的简单配合。它是组成全队战术的基础，包括进攻战术基础配合和防守战术基础配合两部分。

(一)进攻战术基础配合

1. 传切配合

传切配合是进攻队员之间利用传球、切入等技术组成的简单配合。它包括一传一切配合和空切配合两种。

传切配合的要求：切入队员要根据实际情况掌握切入的时机，果断快速地摆脱对手，并随时注意接同伴的传球。传球队员要运用假动作吸引和牵制对手。当切入队员已摆脱对手并处于有利位置时，应及时、准确地把球传给他。

2. 突分配合

突分配合是持球队员突破后，利用传球与同伴配合的方法。

突分配合的要求：突破要突然、快速，在突破过程中既要做好投篮的准备，又要随时注意观察场上攻守队员的位置和行动，以便抓住有利战机，及时、准确地把球传给有利进攻的同伴。

3. 掩护配合

掩护配合是掩护队员采用合理的行动，用身体挡住同伴的防守者的移动路线，使同伴借以摆脱防守，或者利用同伴的身体摆脱防守，从而接球进攻的一种配合方法。掩护时，掩护队员跑到同伴的防守者前、后或侧面，保持适当距离(要符合规则要求)，两脚开立，膝微屈，两臂屈肘于胸前，上体稍前倾，扩大掩护面积。当同伴利用掩护摆脱防守时，掩护队员要及时转身跟进，准备抢篮板球或接回传球。

(1)前掩护。它是掩护队员站在同伴的防守者前面，用身体挡住防守者向前移动的路线，使同伴借机摆脱防守的一种配合方法。

(2)后掩护。它是掩护队员站在同伴的防守者身后，挡住他的移动路线，使同伴借机摆脱防守的一种配合方法。

(3)侧掩护。它是掩护队员站在同伴的防守者侧面，挡住他的移动路线，使同伴借机摆脱防守的一种配合方法。

4. 策应配合

策应配合是指进攻队员背对篮圈或侧对篮圈接球,由他作枢纽,与同伴相配合而形成的一种里应外合的配合方法。

策应配合的要求:策应者要及时抢位要球,接球后,两手持球于胸前,两肘外展保护球。策应者如果身材高大,也可把球置于头上,要随时观察场上情况,以便及时把球传给处于最有利位置的同伴,同时注意自己的进攻机会,根据攻防情况,处理好内外结合的关系。在策应时,要用转身、跨步等动作协助同伴摆脱防守或个人进行攻击。配合队员要根据策应者的位置,及时把球传到远离防守的一侧,做到人到球到,并设法摆脱防守,准备接球。配合结束后,两人立即跟进抢篮板球。

(二)防守战术基础配合

1. 挤过配合

它是破坏掩护配合的一种方法。当对方做掩护配合时,防守队员在掩护队员接近自己时,要迅速向前跨出一步,靠近对手,从两个进攻队员之间侧身挤过,继续防守自己的对手。防守掩护配合的队员应及早提醒同伴并后撤一步,以备补防。

2. 穿过配合

它是破坏掩护配合的一种方法。当进攻队员掩护时,防守掩护者的队员应及时提醒同伴并主动后撤一步,让同伴及时从自己和掩护队员之间穿过,继续防守自己的对手。

3. 绕过配合

它是破坏掩护配合的一种方法。当进攻队员掩护时,防守掩护者的队员应贴近对手,让同伴从自己的身后绕过,继续防守自己的对手。

4. 交换防守配合

它是破坏掩护配合的一种方法。进攻队员利用掩护时摆脱防守,防守掩护的队员应及时发出换防的信号,与同伴互换各自的对手,并在适当的时候再换防原来的对手。

5. 关门配合

它是两个防守队员协同防守突破的配合方法。当进攻队员运球突破时,防守突破的队员向侧后方移动挡住其移动路线,临近突破一侧的防守队员应及时快速地向突破队员的前进方向移动,并向防守突破的队员靠拢,像两扇门一样关起来,堵住进攻者的前进路线。

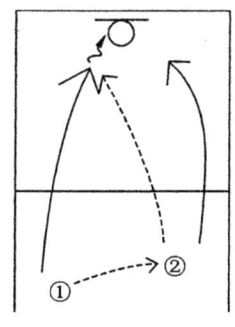

图 6-7　长传快攻

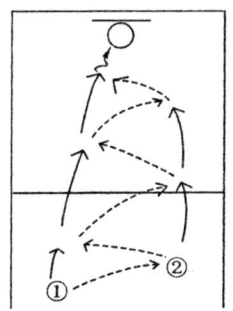

图 6-8　短传快攻

关门配合的要求:关门时,动作要快,配合要默契,二人要靠紧,不留空隙。与突破队员距离很近时,可横移关门,堵截突破者的去路。

6. 夹击配合

它是两个防守队员防守一个进攻队员的一种配合方法。

夹击配合的要求:当对方运球停止或持球队员处于某个场角时,要果断夹击,并积极挥动手臂,封阻其传球路线,不要盲目抢球或打球,尽量避免不必要的犯规。

三、快攻与防守快攻

(一)快攻

快攻是由防守转入进攻时,进攻一方以最快的速度将球推进至前场,争取造成人数上和位置上的优势与主动,果断合理地进行攻击的一种进攻战术。

1. 时机

(1)抢获后场篮板球之后,迅速发动快攻。

(2)抢、断得球之后,迅速发动快攻。

(3)掷界外球时,力争发动快攻。

(4)跳起时获球,迅速发动快攻。

2. 结构

(1)长传快攻。它是防守队员在后场获得球后,立即通过快速的一次或两次传球给迅速超越对手的同伴进行投篮的一种配合方法(图6-7)。

运用长传快攻的注意事项:①全队要有快攻意识,抓住一切快攻的时机发动快攻;②首先获得球的队员要及时送出一传,其余队员要积极接应和快速下篮;③快攻推进时要保持分散的纵身队形,便于突破对方的防守;④人、球快速推进到前场后,积极配合,果断投篮和抢篮板球。

(2)短传快攻。它是防守队员获得球后,立即以快速的短传和快速的跑动获得投篮机会的一种配合方法(图6-8)。

(二)防守快攻

防守快攻是防守战术的重要组成部分。它是进攻转入防守的瞬间,快速地、有组织地制约对手的反击速度和破坏对手快攻路线的配合方法。

防守快攻的方法:①提高投篮命中率,并抢篮板球;②封堵第一传和接应点;③封堵中路,卡好两边;④提高以少防多的能力。

四、人盯人防守

人盯人防守是一个防守队员盯住一个进攻队员,同时协助同伴进行集体防守的全队防守战术。人盯人防守战术有半场人盯人防守和全场人盯人防守两种。在运用时,防守队员可以紧逼扩大防守,也可以缩小松动防守。半场人盯人防守是由进攻转入防守时,全队迅速退回后场,每个队员盯住自己的对手,同时相互协作,进行集体防守的一种方法。

(一)半场人盯人防守

半场人盯人防守有扩大人盯人防守与缩小人盯人防守两种。其主要区别有以下两点:

第一,半场缩小人盯人防守的防区在6m以内,半场扩大人盯人防守的防区在6m以外。

第二,半场缩小人盯人防守是"一紧四松""内紧外松",即对持球队员紧逼,对无球队员松动;对内线进攻队员紧逼,对外线队员松动。半场扩大人盯人防守是"三紧二松",即对持球队员和临近篮圈的进攻队员紧逼,其他两名防守队员回缩,积极进行协防,占据篮下有利区域。

(1)总的原则是"以人为主,人、球、区兼顾"。

（2）对持球队员紧逼，控制其投篮与突破，尽量不让其向自己的身后传球。

（3）对方无球队员在强侧（即有球一侧）时，要根据防守任务，错位防接球，迫使对手越人高吊球，或者是保护中锋进行协防。对方无球队员在弱侧（即无球一侧）时，要向有球一侧靠拢，控制篮下腹地，即占据接近球场纵轴线的位置。

（4）要全面观察场上的情况，随时掌握球的动向、球与对手的关系及同伴的方位，准备及时补、夹、抢、断。

（5）对方球员接球时，应运用小步幅跑动或滑步调整防守位置，做到球到人到。重心不要向前，避免扑打或上跳。

（二）全场人盯人防守

全场人盯人防守是由攻转守时，防守队员随即在全场范围内，紧盯自己对手的一种防守战术。这种防守的攻击性较强，它要求防守队员在全场积极阻挠对手的移动、传接球、运球和投篮，并利用协防、夹击等配合破坏对方有组织的进攻，造成对方违例、失误和打法紊乱。

（1）由进攻转入防守时，全队要思想统一，行动要一致，每个队员要以先声夺人的气势，迅速找人，抢占有利的位置防住自己的对手。

（2）防守无球队员时，以防止或减少对手接球为主，人球兼顾，随时准备补防和断球。

（3）防守持球队员时，首先要防止对手投篮、切入和传球，当对手运球突破时，要迫使对手向边线运球，并设法使其早停球。当对方停球后，要立即贴近防守，封堵其传球。

（4）全队要有良好的配合意识，前后、左右要相互呼应，密切配合。

五、区域联防

区域联防是在半场内划分五个区域，每个队员各守一个区域，并守住处于本区的任何进攻队员组织的防守战术。由于划分区域的方法不同，区域联防有 2-1-2、2-3、3-2、1-3-1、1-2-2 等站位形式。不同站位形式的联防都有其优点和缺点，也有其不同的作用，比赛中可根据对方特点和本队具体情况，有针对性地加以运用。

（1）区域联防要联合起来进行防守，5 名队员必须协同一致，做到分区不分家，特别是共管区要共同防守。

（2）对持球队员要按人盯人方法防守，重点阻止对方投篮或把球传入内线。

（3）对运球队员要跟随防守，邻区队员要关门协防，阻止其运球突破篮下，迫使其将球传出。

（4）对无球队员要注意防背插和溜底，设法卡断其移动接球路线，特别注意对居中策应的进攻队员的防守。一般应采用侧前或绕前方法进行防守，不能让其轻易接球。对空插溜底队员一定要紧跟防守，直到交给邻区的同伴为止。在特殊情况下可以跟踪盯人，此时其他同伴应进行补位或换区防守。

（5）5名防守队员必须协同一致，及时向有球一侧移动，做到以球为主、球、人兼顾。无球一侧防守队员在向强侧靠拢的同时，要控制本区和附近区域进攻队员的活动。

（6）在防守过程中，每个队员都应扬手挥臂，积极移动，扩大控制面积，尤其要相互呼应，中间的防守队员更要起到指挥的作用。

（7）当进攻一方投篮后，每个防守队员都要堵位和抢位，有组织地争夺篮板球，及时地发动快攻。

第七章 排球训练与教学

第一节 排球运动概述

排球运动是由两支人数相等的球队,在中间隔一网的规定场地两边,从发球开始,双方在规则允许的范围内运用垫球、传球、扣球、拦网等技术动作,进行攻防对抗,不使球落在本方场区内的球类运动。

排球运动由美国的威廉·莫根在 1895 年创立,因场上队员按排站位而得名。

1947 年国际排球联合会成立,总部设在瑞士洛桑。1964 年被列入奥运会正式比赛项目。国际排联管辖的世界性比赛有奥运会排球赛、世界排球锦标赛、世界杯排球赛及世界青年排球锦标赛等。

1905 年排球运动传入我国,并经历了 16 人制、12 人制、9 人制、6 人制的演变过程。1914 年我国正式举行 16 人制排球比赛。1930 年排球被正式列入全国运动会比赛项目。

在我国,排球是三大球中的后起之秀,兴起时间晚,但发展较快。中国女排运用"快速反击""位置差""单脚起跳背飞"等新技术,从 1981 年至 1986 年连续五次获得世界大赛冠军(被誉为"五连冠"),大大振奋了中华民族精神,确立了中国女排世界女排霸主的地位,同时也开创了现代排球的新纪元。

20 世纪 20 年代初,沙滩排球在美国的加利福尼亚州圣莫尼卡海滩兴起。1930 年,圣莫尼卡举行了第一场双人配合的沙滩排球赛,这种阵形成为现在最普及的打法。1996 年沙滩排球首次成为奥运会的比赛项目。

第二节 排球基本技术

基本技术是组成战术的基础。排球技术有两种:一种是有球技术,包括传球、垫球、扣球、发球和拦网;另一种是无球技术,包括准备姿势、移动、起跳及各种掩护动作等。排球技术主要由步法和手法组成,同时与视野活动、躯干活动和意识活动相配合并融合为一体。

一、准备姿势与移动

(一)准备姿势

为了便于完成各种技术动作而采取合理的身体姿势称为准备姿势。合理的准备姿势是指要使身体重心处于相对稳定的状态,又要便于移动和完成各种击球动作,为迅速起动、快速移动及击球创造最好的条件。为完成某项有球技术之前的准备姿势称为专项技术准备姿势,例如拦网、发球、传球等都采用不同的准备姿势。按照身体重心的高低,准备姿势可分为半蹲准备姿势、稍蹲准备姿势和低蹲准备姿势三种。

1. 半蹲准备姿势

两脚左右开立略比肩宽,一脚在前(约一只脚的距离),两脚尖稍内收,脚跟提起。膝关节保持一定的弯曲,膝关节的投影在脚尖前面,上体前倾,重心靠前。两臂放松自然弯曲,双手置于胸腹之间。全身肌肉放松,两眼注视来球,两腿始终保持微动(图 7-1)。半蹲准备姿势多用于接发球、拦网和各种传球等技术。

2. 稍蹲准备姿势

稍蹲准备姿势的身体重心比半蹲准备姿势的略高,动作方法相同。一般用于扣球助跑之前、本方正在组织进攻不需要快速反应起动的时候。

3. 低蹲准备姿势

低蹲准备姿势的身体重心比半蹲准备姿势更低、更靠前,两脚左右和前后的距离更宽一些,膝部弯曲程度更大一些,肩部投影过膝,膝部投影过脚尖,手置于胸腹之间。主要用于防守接拦回球技术。

(二)移动

从起动到制动的过程为移动。移动是为了及时接近球,保持好人与球的位置关系,以便击球。迅速地移动可以占据场上有利位置,争取时间和空间。队员能否及时移动到位,直接影响着技战术的质量。由于排球场上来球的方向千变万化,来球的速度、弧度和落点都不固定,因此,排球场上的移动不是仅仅向前的移动,而是向各个方向的移动。

　　移动由起动、移动步法和制动三个环节所组成。

侧　　　　　　　　　　正

图7-1　半蹲准备姿势

1.起动

　　起动是移动的开始。移动的关键在于起动的速度,而起动的速度取决于正确的准备姿势、反应能力以及腰、腿部的爆发力量。以向左起动为例,首先做好正确的准备姿势,迅速抬起左腿,身体稍向左侧转动并倾斜,右脚用力蹬地,使整个身体快速地向左起动。

2.移动步法

　　起动后的移动步法要根据临场技术和战术的需要,采用不同的步法。以下介绍几种常用的移动步法。

　　(1)并步和滑步。并步一般在身体距离来球一步左右时采用。如向左移动,首先右脚或双脚同时蹬地,左脚先向左侧方向跨出一步,右脚迅速并上成击球前的准备姿势。当来球距离身体两侧稍远时,可连续快速并步接近球,连续并步称为滑步。主要应用于传球、垫球和拦网等技术。

　　(2)交叉步。交叉步一般在身体距离来球3m左右时采用。以向左交叉步为例,身体稍向左侧转动,右脚先从左脚前面向左交叉跨出一步,左脚紧跟向左跨出一大步,同时左脚尖内扣,使身体转向来球方向,保持击球前的准备姿势。主要应用于传球、接发球、接扣球和拦网等技术。

　　(3)跨步。跨步是在来球较低、距离身体约1m~2m时采用。跨步可分为向前跨步、向斜前跨步和向左右侧方跨步。跨步时步幅较大,身体重心较低,如向前跨步,则一脚用力蹬地,另一脚向前跨出一大步,膝部弯曲,上体前倾,身体重心下降并移至跨出腿上。主要应用于接发球、接扣球、接拦回球等技术。

（4）跑步。跑步是在身体距离来球较远时采用。采用跑步移动时，两臂要配合摆动，根据来球的方向，边跑边转身，并逐渐降低重心，为击球做准备。主要应用于传球、垫球、扣球和拦网等技术。

（5）后退步。后退步是当来球在身后时采用。后退移动时，身体保持稍低的姿势，两脚交替向后退步，重心应保持在前面。

（6）综合步。综合步是以上各步法的综合运用。

3. 制动

制动是在快速移动之后和击球之前，为克服身体的前冲力而保持身体稳定的击球姿势。常用的制动方法有一步制动和两步制动两种。

一步制动是在移动距离较短，身体冲力不大的情况下采用。采用一步制动时，最后一脚跨出一大步，同时降低身体重心，膝关节和脚尖向内转，全脚掌横向蹬地，抵住身体继续移动的惯性冲力，保持身体的稳定姿势。

两步制动是在快速移动较远距离之后，身体冲力较大的情况下采用。采用两步制动时，以最后第二步做第一次制动，紧接着跨出最后一步做第二次制动。

（三）练习方法

（1）准备姿势的练习方法。二人一组，一人做准备姿势，另一人纠正其错误动作，两人交换进行。

（2）移动的练习方法。①以滑步和交叉步进行 3m 往返移动，手触及两侧线。②两人一组，相距 6m。用两个球，两人同时在地上把球滚到对方体侧 3m 左右处。两人移动接球，如此连续进行。③队员站在网与 3m 线之间，低姿交叉步或滑步来回移动，并用手摸中线和 3m 线。

（四）准备姿势与移动易犯错误及纠正方法

（1）重心后坐，起动慢。纠正方法：体会要领，上体前倾，膝部垂线超过脚尖，身体重心移到前脚掌。

（2）屈膝、直腰、重心后坐。纠正方法：体会要领，含胸收腹，重心前移。

（3）移动时身体起伏大，重心过高。纠正方法：多做穿过网下的往返移动。

（4）制动不好，制动后不能保持准备姿势。纠正方法：脚和膝内扣，最后一步跨得稍大一些。

二、发球

发球是比赛的开始,也是进攻的手段。进攻性发球不仅可以直接得分,而且可以破坏对方进攻,从而减轻本方的拦防压力,为反攻得分创造条件。

发球技术是排球比赛中唯一不需要同伴配合、不受对方干扰的动作,其种类较多,常用的有正面下手发球、侧面下手发球、正面上手发球、正面上手发飘球、勾手大力发球和跳发球等。

无论采用哪种发球方式,其技术动作过程都是相同的,因而各技术要点也相同。发球的要点如下:

(1)抛球。将球平稳抛起,每次抛球的高度和离身体的距离应基本固定。

(2)击球。击球时,要以正确的击球动作击中球体的相应部位,用力方向与所要发球方向一致。如发下手球时,应以全手掌或虎口部位击球的后下部,用力的方向应是前上方,与球飞行方向一致。

(3)击球的手法不同,发出球的性能就有所不同。如发旋球,击球时要求全手掌包满球,手腕有推压动作。而发飘球时,手腕不能有推压动作,要用掌根击球的中心,击球时有突停动作。

(一)正面下手发球

发球动作较简单,容易掌握,失误少,准确性高。但球的速度较慢,力量小,攻击性较差,一般适用于初学者(图 7-2)。

图 7-2　正面下手发球

(1)准备姿势。面对球网,两脚前后开立,左脚在前,右脚在后,两膝稍弯曲,上体前倾,重心偏右脚,左手持球于腹前。

(2)抛球。左手将球平稳抛起在腹前右侧,离手高度约 20cm。在抛球同时,右臂伸直往后下方摆动。

(3)击球。击球时右脚蹬地,身体重心随着右手向前摆动击球而移至左脚上,右臂伸直,以肩为轴,向前挥动到腹前,以虎口或掌根击球的后下方。击球后顺势向前移动重心,迅速进场。

(二)侧面下手发球

发球动作较简单,也容易掌握,由于它是借助腰腹转动力量带动手臂—挥动击球,因此比较省力,稳定性较大,但攻击性较小。一般适用于初学的女生。

(1)准备姿势。左肩对网站立,两脚前后开立,约与肩宽,两膝微屈,上体稍前倾,左手持球于腹前。

(2)抛球。左手将球平稳抛至腹前,距身体约一臂远,离手高度约30cm。

(3)击球。在抛球同时,右臂摆至右侧下方,利用右脚蹬地向左转体的力量带动右臂向前上方挥动,在腹前用虎口或掌根击球的右下方,击球后顺势使重心前移,迅速进场。

(三)正面上手发球

发球时由于是面对球网站位,因此便于观察,准确性较大,能充分地利用收腹力量带动手臂迅速挥动击球。发出的球力量大、速度快、弧线平。由于手腕和手掌有明显的向前推压动作,发出的球呈上旋飞行,不易出界,同时也能增加发球的攻击性。

(1)准备姿势。面对球网,两脚自然开立,左脚在前,右脚在后,两膝微屈,重心落在右脚上,左手持球于胸前。

(2)抛球。利用抬臂和手掌的平托上送,将球平稳地垂直抛于右肩前上方,高度适中。抛球的同时,右臂抬起,并屈肘后引,肘与肩平行,手掌自然张开,上体稍向右侧转动,抬头,挺胸,展腹,身体重心移至左脚。

(3)击球。击球时,利用蹬地转体,迅速收腹带动手臂向前上方挥动,在右肩前上方伸直手臂的最高点,以全手掌击球的后中下部,重心随之移至左脚。击球时,手掌和手腕要迅速明显做向前推压动作,使球向前呈上旋飞行。击球后,迅速进场。

(四)正面上手发飘球

发球不旋转,发出的球不规则地向前飘晃飞行,使接发球队员难以判断球的飞行路线和落点,成功率高,攻击性强,在各种比赛中被普遍采用。

（1）准备姿势。与正面上手发球相同。

（2）抛球。与正面上手发球基本相同,但抛球的高度稍低并离身体稍远些。

（3）击球。右脚蹬地,上体向左转动发力,带动手臂挥动。挥动时手臂伸直,以掌根击球的后中下部,使作用力通过球体的重心,身体重心随之过渡到左脚。击球瞬间,五指并拢,手腕紧张并后仰,用力快速、突然、短促。击球结束时,手臂挥动有突停动作,不能有推压。击球后,迅速进场。

（五）跳发球

跳发球是利用助跑起跳在空中击球的一种发球方法。这种发球可提高击球点,加大发球力量,增加发球的攻击性。

（1）准备姿势。队员面对球网,距端线 3m~4m 处站立。

（2）抛球。以右手或双手持球于体前向前上方抛球。

（3）助跑。起跳抛球的同时向前助跑(两步或三步)起跳,同时,两臂要协调摆动,摆幅要大。

（4）击球。挥臂动作似正面上手发球。击球时,利用收腹转体动作带动手臂挥动,在跳起后身体达到最高点时,以手掌击球的中下部,手腕要有推压动作。

（5）落地击球后,双脚落地,两膝顺势弯曲缓冲,迅速进场。

（六）发球的练习方法

（1）徒手模仿练习。对固定目标做挥臂击球练习。

（2）结合球的练习。①自抛练习:抛球高度和位置应符合发球动作的要求。②近距离对墙发球练习:将抛球、挥臂、击球、用力等环节有机地衔接起来。③两人一组相距 9m 左右做发球练习。

（3）结合球网的练习。站在端线发球区左、中、右三个不同的位置向对方场区发球。

（4）结合战术的发球练习。把对方场区分成若干区,向指定区域内发球。

（七）正面上手发球易犯错误与纠正方法

（1）抛球太前,不在右肩前上方。纠正方法:多做平托上抛,球出手时要稳、准。

（2）转体过大。纠正方法:击固定球,徒手练习挥臂动作。

（3）击球不准,做不出推压带腕动作。纠正方法:多做对墙对网的轻发练习,体会手掌包住球的动作要领。

（4）全身协调用力不好。纠正方法：上手抛实心球，注意抛和挥的配合。

三、垫球

垫球是排球技术中最简单易学的一项基本技术。垫球是指手臂或身体其他部位的迎击，使来球从垫击面上反弹出去的击球动作。随着技术的不断发展和提高，垫球技术和击球手法越来越多样化、合理化。

垫球在排球比赛中占有重要的地位，主要用于接发球、接扣球和接拦回球等，是组织进攻的基础。接发球好，有利于组织进攻，否则就会陷入被动或失分。接扣球好，有利于组织防守反击。因此，垫球是比赛中多得分、少失分，由被动转主动的重要技术，是稳定队员情绪、鼓舞队员士气的重要手段。垫球还可在无法运用传球技术进行二传时用来组织进攻或处理球。

垫球按动作方法可分为正面双手垫球、体侧垫球、背垫、单手垫球、跨步垫球、滚翻垫球、前扑垫球、侧卧垫球、鱼跃垫球、脚垫球、挡球等；按用途可分为接发球垫球、接扣球垫球、接拦回球垫球等。

（一）正面双手垫球

正面双手垫球是双手在腹前垫击来球的一种方法，是各种垫球技术的基础，适合接速度快、弧度平、力量大、落点低的各种来球。因为正面对准来球，容易找好击球点，便于控制球。

（1）准备姿势。面对来球，成半蹲或稍蹲准备姿势站立。

（2）击球。手形一种是叠掌式，即两手手掌重叠，掌根紧靠，两拇指向前（图7-3）；另一种是抱拳式，即两手抱拳互握，两拇指平行向前（图7-4）。垫球时两臂自然伸直，小臂外展靠拢，手腕下压，手腕关节以上的前臂形成一个垫球平面。

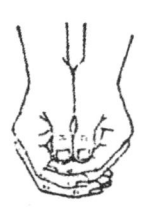
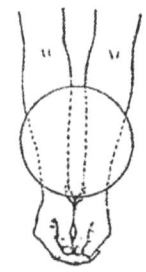

图7-3　叠掌式　　　图7-4　抱拳式图　　7-5　击球点与前臂触球部位

（3）击球点与前臂触球部位。在腹前一臂左右距离，用前臂腕关节以上10cm 桡骨内侧平面击球的后下部(图7-5)。

（4）击球动作。两臂靠拢前伸插入球下，靠手臂夹紧上抬增加垫球力量，同时配合蹬地跟腰部动作，使身体重心向前上方移动。击球时，两臂形成一个平面，身体和两臂要有自然的随球伴送动作，以便控制球的落点和方向。

垫球时，还应根据来球的力量控制手臂的动作，垫轻球时采用上述动作(图7-6)。垫中等力量的来球时，由于来球有一定速度，因此，垫球时的抬臂动作要小，速度要慢，主要靠来球本身所造成的反弹力将球垫起。垫重球时，应采用含胸、收腹的动作，手随来球屈肘后撤，缓冲来球力量，控制垫球的距离。球距离身体稍远、击球点较低时，手臂在缓冲用力过程中，要采用屈肘翘腕的动作把球垫在手腕部位的虎口处。

图 7-6　垫轻球时采用的动作

(二)侧面双手垫球

在身体两侧用双臂垫球的动作称为侧面双手垫球。当来球速度较快、距离体侧较远、来不及移动对正球时可采用侧面双手垫球。侧面双手垫球可以扩大防守范围，但不易控制垫球方向，因此，在来得及移动的情况下，最好采用正面垫球。

以右侧垫球为例，左脚前脚掌内侧蹬地，右脚向右跨出一步，右膝弯曲，重心随即移至右脚上，两臂夹紧向右伸出，左肩微向下倾斜，用向左转腰和提右臂的动作，使两臂击球面截住球的飞行路线，垫击球的后下部。

侧面垫球时，不能随球伸臂，这样会造成球触臂后向侧方飞出。应使两臂先伸向侧方截击来球，同时还应注意两臂不要弯曲，要保持直臂击球，避免因手臂动作影响垫球效果。

（三）背垫球

背垫球是指从体前向背后的垫球。当球飞出较远而又无法进行正面调整传球时，或者第三次被动击球过网时采用。背垫时，判断好球的飞行方向，先要迅速移动到球的落点处，背对出球方向，两臂夹紧伸直，插在球下。击球时，蹬地抬头挺胸，展腹后仰，直臂向后上方摆动。在背垫低球时，也可以有屈肘、翘腕动作，以虎口处将球向后上方垫起。

（四）跨步垫球

跨步垫球是指队员向前或向体侧跨一步的垫球，适合于来球距身体 1m 左右、来球较低或速度较快来不及移动时采用。跨步垫球主要运用在接发球和防守中。判断来球的落点，及时向前或向侧跨出一大步，屈膝制动，重心落在跨出腿上，上体前倾，臀部下降，两臂插入球下垫击球的后下部。

（五）挡球

挡球是指来球较高，不便于用手臂垫击时，用双手或单手在胸部以上挡击来球的击球动作。双手挡球多用于挡击胸部以上力量大且速度快的来球；单手挡球多用于来球较高且力量较轻，在头部上方或侧上方的来球。运用挡球能够扩大控制范围，善于挡球的队员，防守时可前压，提高前区的防守效果。挡球可分为双手挡球和单手挡球两种。

双手挡球的手形有两种：一种是抱拳式，两肘弯屈，一手半握拳，另一手外包；另一种是并掌式，两肘弯屈，两虎口交叉，两臂外侧朝前，合并成勺形。挡球时手臂屈肘上举，肘部向前，手腕后仰，用双手手掌外侧和掌根所组成的平面挡击球的后下部。击球瞬间手腕要紧张，用力要适度。

（六）正面双手垫球的练习方法

（1）徒手模仿练习。原地徒手模仿完整的垫球动作。

（2）垫击固定球练习。①一人持球固定在小腹前，另一人从准备姿势开始，做垫球模仿动作。②将球置于垫球者手臂垫击处并轻轻地扶住，垫球者做垫球模仿练习。

（3）垫击抛来的球。①二人一组，相距 4m~5m，一抛一垫。②三人一组，两人相距 3m 左右抛球，另一人移动垫球。

（4）对垫。两人一组，相距 4m~5m 连续对垫。

（七）正面双手垫球易产生错误及纠正方法

（1）击球时屈肘，两臂并不拢。纠正方法：徒手模仿练习。压其手腕做双臂上抬练习，体会抬臂用力动作。

（2）移动慢，对不准来球，击球点不在两臂之间。纠正方法：做移动的模仿练习。做集中注意力、提高起动意识的练习；对墙自垫或向上自垫；抛不同角度、不同距离的球，要求判断移动对准球的击球练习。

（3）垫击球的时间不准。纠正方法：多做垫固定球找垫击点的练习，两人一组，一抛一垫，互相纠正垫球练习。

（4）击球时上体后仰或耸肩膀。纠正方法：穿过网下垫球，击球后接着用手触地面。

四、传球

传球是排球基本技术之一。传球是指利用手指手腕的弹击动作将球传至一定目标的击球动作。由于手指手腕灵活，感觉灵敏，双手控球面积较大，因此传球的准确性较高。由于传球的击球点较高，在传球瞬间可用手指手腕的动作来改变传球的方向、路线和落点，因此变化比较多。

传球技术主要用于二传，为进攻创造条件，在比赛中起着组织进攻的作用。传球技术也经常用来接发球，接对方的处理球、吊球和被拦回的高球。从这一角度看，传球也是一项防守技术。传球还可用来吊球和处理球，起着进攻的作用。

按照传球的方向基本上把传球动作分为正面传球、背传球和侧传球，上述三种传球技术是指在原地完成的。跳起在空中完成传球动作的，称为跳传。

（一）正面传球

正面传球是面对出球方向的传球动作。正面传球是最基本的传球方法，是其他一切传球技术的基础。

（1）准备姿势。两脚左右开立，约与肩宽，左脚稍前，右脚脚跟稍提起，两膝微屈，上体稍前倾，两臂弯曲置于胸前，两肘自然下垂，眼睛注视来球方向。

（2）击球点。击球点在前额上方约一球距离处。

（3）传球手形。当手触球时，手腕稍后仰，两手自然张开，手指微屈成半球状。

两拇指相对成"一"字形或"八"字形,两拇指间的距离不能过大,以防漏球。

(4)击球动作。当来球接近额前上方时,开始蹬地、伸膝、伸臂,两手微张经脸前向前上方迎球,用拇指内侧,食指全部,中指的二、三指节触球的后下部,无名指和小指触球两端。传球时主要靠蹬地伸臂和手指手腕的力量,以及球的反弹力将球传出(图7-7)。

图 7-7　正面传球

(二)背传

背传是背对传球目标的传球动作,其主要用于组织进攻。背传是二传队员必须掌握的主要传球技术之一。比赛中熟练运用背传技术,能够使进攻战术多样化,可出其不意,迷惑对方。

做背传准备姿势时,上体应比正面传球略直立,身体重心在两脚之间,双臂屈肘抬起,两手成传球手形置于脸前。传球时,稍抬头挺胸,在两腿蹬地的同时,上体向后伸展,击球点保持在额上方。击球时,手腕适当后仰,掌心向上,手指击球的下部,利用向后上方伸臂、伸肘动作和手指、手腕的弹力将球向背后方向传出。

(三)跳传

跳传是跳起在空中进行单、双手传球的传球动作。当一传弧线较高而又接近球网时,可采用跳起传球技术。跳传目前在比赛中运用比较广泛,一般用于二传。跳传可起到加快进攻速度和迷惑对方的作用,并且可使进攻战术多样化,扩大进攻的范围,减少二传环节中的失误。

跳传的起跳动作无论是原地起跳还是助跑起跳都与扣球起跳动作基本相似。起跳时,首先选好起跳点和掌握好起跳时间。起跳后,两臂屈肘抬起,两手放于脸前,击球点保持在额上方,在身体跳至最高点时,用伸臂动作及手指、手腕的弹力将球传出。由于人在空中,无法用上伸腿蹬地的力量去传球,因此,要加大伸臂的幅度和速度。

（四）正面传球的练习方法

（1）徒手模仿练习。自然站立做好正确手形,反复做传球时手指、手腕用力的模仿动作。

（2）结合球的练习。①向自己头顶上方抛球,然后用传球手形接住球,检查手形并纠正。②连续自传,体会用力方法,尽量少移动。③距墙50cm,对墙连续传球,体会手指、手腕的用力。④两人一组,相距3m～4m,传对方抛到额前上方的球。⑤两人一组,相距3m～4m,对传。

（五）正面传球易产生错误及纠正方法

（1）传球时两肘外展过大或两肘紧张内夹。纠正方法:原地徒手做传球动作或传抛实心球,要求学生注意两肘的动作。

（2）身体协调用力不好。纠正方法:自抛后,传远距离球,体会蹬地、展体、伸臂的协调用力。

（3）传球时有推压或拍打动作。纠正方法:多做原地自传或对墙传球,增加指腕力量,会触球手形。

五、扣球

扣球是排球重要的基本技术之一。扣球是战术配合的最后一击,是进攻中最积极有效的技术,也是得分的重要手段。因而,它也是衡量一个队进攻实力的要素之一。一个队扣球技术水平越高,越能为该队的拦网及防扣球技术提供有利条件。

扣球的基本动作包括判断、助跑、起跳、击球和落地五个部分。扣球的攻击威力主要表现在高度、速度、力量、变化和突然性上。一个优秀的扣球手:应该既能强攻,又会快攻,并且还要有自己的特点。成功的扣球必须有一传和二传的密切配合。

扣球的技术种类很多,常用的有正面扣球、勾手扣球、快球、调整扣球等。

（一）正面扣球

正面扣球面对球网,便于观察,准确性较高,是各种扣球技术的基础,也是最基本和最有效的进攻方法。正面扣球能适应扣近网、远网和拉开各种不同的球,并能演变出快球、平快球、时间差等扣球技术。

（1）准备姿势。两脚左右自然开立，两膝微屈，上体稍前倾，两臂自然下垂，眼睛观察来球，随时准备向各个方向助跑起跳。

（2）助跑。助跑是为了获得一定的水平速度，增加弹跳高度，并且选择适当的起跳点。助跑的时机、方向、步法、速度、节奏是根据来球的方向、速度和弧线来决定的。因此，要全面熟练掌握一步、两步、三步及多步助跑的步法。

图 7-8　　　正面扣球

以两步助跑为例，助跑时，左脚先向前迈出一步，接着右脚迅速跨出一大步，左脚及时并上，在右脚侧前方，两脚尖稍向内收准备起跳。助跑的第一步要小，目的是对正上步方向，使身体获得向前的水平速度，第二步要大，目的是接近球和提高助跑的速度，右脚落地支撑点在身体之前，有利于制动。

（3）起跳。在助跑跨出最后一小步的同时，两臂绕体侧向后引，左脚在落地制动的过程中，两臂自后积极向前摆动，随着双腿蹬地向上起跳，两臂配合起跳用力上摆。

（4）击球动作。起跳后，挺胸展腹，上体稍向右转，右臂向后上方抬起，身体成反弓形。挥臂时，以迅速转体、收腹动作发力，依次带动肩、肘、腕各部位关节成鞭甩动作向前上方挥动。击球时，五指微张成勺形并保持紧张，用全手掌包满球，以掌心为击球中心，击球的中后部，同时主动用力屈腕屈指向前推压，使扣出的球加速上旋。击球点在起跳和手臂伸直最高点的前上方（图 7-8）。

（5）落地。空中完成击球动作后，身体自然下落，为了避免腿部负担过重，应尽量用双脚的前脚掌先着地,同时顺势屈膝,缓冲身体下落的力量。

(二)扣快球

快球的最大特点是速度快,带有突然性,因而牵制性强,有利于争取时间和空间,以达到出其不意、攻其不备、突然袭击的目的。快球是中国的传统打法,可分为近体快球、远网调整快球、短平快球、平拉快球、半快球、时间差快球、错位快球等。

(三)调整扣球

调整扣球是各种扣球技术的综合运用,是强攻能力的集中体现。由于来球的方向、角度、弧度、速度和落点不同,所以扣球动作也有所区别。来球近网时,一般多用转体、转腕和正面小抢臂扣球;来球远网时,常用正面屈臂扣球、勾手扣球或单脚起跳扣球,以保证强有力的进攻。

(四)单脚起跳扣球

在二传送出的球落点比较集中,来不及采用双脚起跳扣球时,多采用单脚起跳扣球。单脚起跳的前冲力大,能提高击球点,扣球有力,但因助跑距离长,角度小,难以控制起跳时间,对完成集体战术配合不便。

(五)扣球的练习方法

(1)投球练习。练习者单手持球,向上伸直手臂,在最高点用甩腕动作把球投在自己的脚下。要求手臂不要下落,保持在耳侧位置,肘关节不要弯曲,只用甩腕的动作投球。

(2)原地扣球练习。练习者将球准确地抛在扣球手臂的前上方,用挥臂动作用力甩腕,把球扣到固定点。要求在最高点击球。

(3)起跳扣球练习。扣球者在4号位助跑起跳,扣顺网抛来的球(高于球网2m左右)。

(六)正面扣球易犯错误及纠正方法

(1)助跑起跳前冲,击球点保持不好。纠正方法:多做徒手助跑起跳练习;采用限制性练习,如地上标明起跳点和落地点,防止前冲;扣固定球或做助跑起跳接球练习。

(2)起跳前冲,击球点偏后。纠正方法:练习助跑,最后一步跨大,在网前起跳接抛球或扣固定球。

（3）上步起动时间早，起跳早。纠正方法：用口令、信号控制起动上步时间。

（4）击球手法不正确，手未包满球，球不旋转。纠正方法：低网自抛自扣，体会手腕推压、鞭甩击球动作。

六、拦网

拦网是防守的第一道防线，也是得分的重要手段。拦网不仅可以拦死、拦回、拦起对方的扣球，还可以削弱对方进攻的锐气，动摇对方扣球队员的信心。高水平的比赛中，拦网的好坏直接影响着比赛的胜负。

（一）拦网技术动作

拦网技术动作包括准备姿势、移动、起跳、空中拦击和落地五个互相衔接的部分。

（1）准备姿势面对球网，注视对方动向，两脚平行开立，约同肩宽，两膝稍屈，两手自然弯曲置于胸前。

（2）移动根据不同情况可灵活运用并步、跨步、滑步、交叉步、跑步等各种移动步伐，将身体移动到拦网位置，准备起跳。

（3）起跳移动后立即制动，使身体正对球网后起跳，或者在起跳过程中，使身体转向球网。

（4）空中击球起跳后稍收腹，控制平衡。同时，两手从额前平行球网向网上沿前上方伸出，两臂伸直，两肩尽量上提。拦击时，两手尽量伸向对方上空，接近球，两手自然张开，屈指屈腕成勺型。当手触球时，两手突然抖腕，用力捂盖球前上方（图 7-9）。

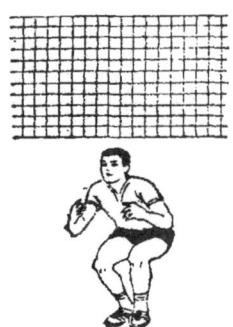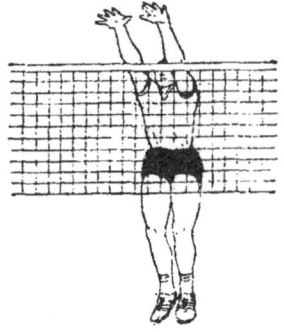

图 7-9　拦网时的空中击球动作

(5)落地拦网后自然落回地面,落地时屈膝自然缓冲,落地后准备做下一个动作。

(二)拦网的练习方法

(1)拦固定球练习。两人一组,一人站在高台上持球,另一人跳起拦固定球。

(2)原地起跳拦抛球。两人一组隔网站立,一人抛球,一人做拦网练习。

(3)拦网判断练习。两人一组,隔网站立,要求抛球者在进攻线上手持球,运用扣球的助跑起跳在空中将球抛向对方,拦网者根据抛球者的助跑方向和抛球动作,判断抛球路线,然后起跳拦网。

(三)拦网易犯错误及纠正方法

(1)双手前扑触网。纠正方法:在低网下拦固定方向扣球,防止手触网。

(2)身体距网远,中间漏球;盲目起跳,不看扣球动作。纠正方法:徒手练习近网起跳,两手伸向对方,判断扣球人的助跑路线,快速移动选准起跳点。

(3)拦网时低头闭眼。纠正方法:隔网拦对方抛来的球,逐步过渡到拦轻扣球。

第三节　排球基本战术

排球战术是指运动员在比赛中根据排球运动的规律、双方的具体情况和临场的变化,合理地运用技术,以及采取的有组织、有目的和有预见性的一种配合行动。排球战术可以分为个人战术和集体战术两大类。

场上的比赛无非就是接发球进攻与防守反攻。

一、接发球进攻战术

接发球进攻战术可简称为"一攻"战术。"一攻"战术主要有"中一二""边一二"和"后排插上"三种形式。战术形式是固定的,但战术变化却是灵活的。每一种战术形式可以采用多种多样的战术变化,而各种战术变化又可以运用适合于自己的某种战术形式。

(一)"中一二"进攻战术

(1)接发球站位。当对方发球时,本方接发球站位方法如图7-10所示。当二传队员轮到2号位或4号位时,可以在对方发球后换到3号位,如图7-11和图

7-12 所示。

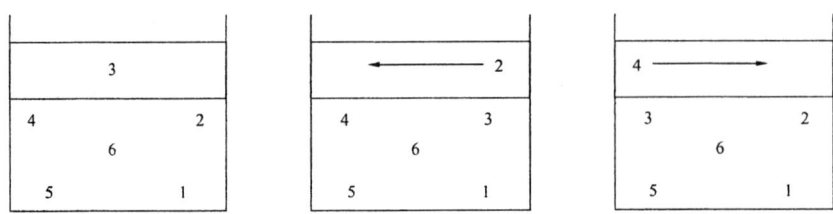

图 7-10　接发球站　　图 7-11　二传队员在 2 号　　图 7-12　二传队员在 4 号
　　位方法　　　　　　　位时的站位方法　　　　　　位时的站位方法

(2)基本打法。由前排中间的 3 号位队员作二传,把球传给两边的 2 号位或 4 号位队员进攻,这种进攻的组织形式称作"中一二"进攻阵形。其主要战术变化形式为:扣球队员通过二传队员传出集中、拉开、背传和短平快等各种球,采用斜线助跑、直线助跑和跑步中并步起跳扣球等。

(3)特点。优点是一传到位较容易,有利于组织进攻,适合初学者采用;二传距一传距离近,容易传球。缺点是战术变化少,只能两点进攻,对方容易识破进攻意图,战术的突然性和攻击性较小。

(二)"边一二"进攻战术形式

(1)接发球站位。当对方发球时,本方接发球站位方法如图 7-13 所示。当二传队员轮到 4 号位或 3 号位时,可以在对方发球后换到 2 号位,如图 7-14 和图 7-15 所示。

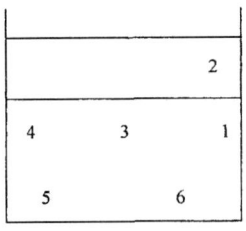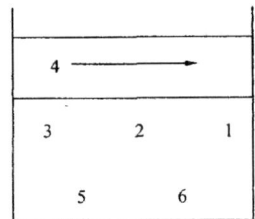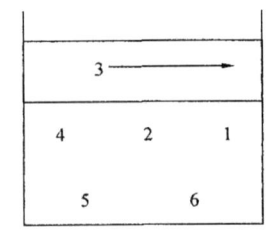

图 7-13　接发球站　　图 7-14　二传队员在 4 号　　图 7-15　二传队员在 3 号
　　位方法　　　　　　　位时的站位方法　　　　　　位时的站位方法

(2)基本打法。由前排 2 号位队员作二传,把球传给 3 号位或 4 号位队员进攻,这种进攻的组织形式称作"边一二"进攻阵形。其主要战术变化形式为:除包括"中一二"战术形式变化外,还可以组织前交叉、快球掩护拉开、快球掩护夹塞、梯次掩护扣球、短平快掩护拉开等战术。

(3)特点。优点是右手扣球者在3号位或4号位,扣球比较顺手,战术变化多。缺点是一传垫球距离较远,不宜到位。

(三)"后排插上"进攻战术形式

"后排插上"战术形式,即当二传手的位置不是在前排,为了进攻的需要,在对方发球后立即从后排插到前排,把球传给前排的三名队员的进攻形式。这是现代排球战术的主要形式之一,为一般强队所普遍采用。

这一战术的优点是保持前排三人进攻,能充分利用球网的全长组织进攻。采用这种形式战术变化多,进攻突然性大,使对方难以有效地组织集体拦网和防守。缺点是对插上队员的要求较高。

二、防守反攻战术

接扣球的防守与组织反攻是密不可分的,只有防守成功才能是富有成效的反攻。防守反攻需要前排拦网与后排防守的整体配合,一般分为不拦网、单人拦网和双人拦网三种形式。

(一)不拦网防守形式

在对方进攻较弱,没有必要进行拦网时采用这种形式。该阵形与5人接发球站位相似,前排队员撤到进攻线后,准备防守和反攻;后排队员防后场球;二传留在网前,接吊球和网前球。

(二)单人拦网防守形式

当对方扣球威胁不大、路线变化不多、轻打吊球较多时,可以主动采用此形式。拦网队员拦扣球的主要进攻路线,其他队员及时后撤防守前区或保护拦网人。

(三)双人拦网防守形式

当对方水平较高、进攻力量较强、进攻路线变化较多时采用这种形式。双人拦网防守形式分为"边跟进"和"心跟进"两种。

(1)"心跟进"防守形式。当对方经常采用打吊结合、本方拦网能力强、能封住后排中场时采用这种形式。对方 4 号位或 2 号位队员进攻时,本方 2 号位和 3 号位(或 3 号位和 4 号位)队员拦网,后排中的 6 号位队员在拦网队员之后进行保护,其余队员组成弧形防守。其优点是加强了前区的防守能力,缺点是后排防守队员之间的空当较大。

(2)"边跟进"防守形式。当对方进攻较强、战术变化多、吊球较少时采用这种形式。对方 4 号位进攻时,前排 2 号位和 3 号位队员组成双人拦网,其余队员组成半圆弧形防守。其优点是加强了拦网,缺点是边上的队员既要防直线,又要跟进防守前区,对队员要求较高。

第八章 足球训练与教学

第一节 足球运动概述

足球运动是指在规定的平坦的长方形场地上，以脚支配球为主，采用传球、运球及头球等技术，通过集体配合，两队间相互攻守对抗，以进球多少决定胜负的一项球类运动。它是世界上开展最广泛、影响最大的体育项目之一，被誉为"世界第一运动"。有些国家将足球定为国球。一场精彩的足球比赛吸引着成千上万的现场观众和数以亿计的电视观众，足球比赛成为电视节目中的重要内容，有关足球消息的报道，占据了世界上各种报刊的大量篇幅，当今足球运动已成为人们生活中不可缺少的内容。

古代足球游戏世界公认起源于中国的战国时代。当时这种游戏称为蹴鞠或踏鞠，蹴和踏都是踢的意思，鞠就是球名。

现代足球运动世界公认起源于英国，1863 年 10 月 26 日英格兰足球协会成立的这一天为现代足球的诞生日。

1904 年 5 月 27 日国际足球联合会成立于法国巴黎，总部设在瑞士苏黎世。国际足联管辖的世界性比赛主要有世界杯足球赛、奥运会足球赛、世界青年足球锦标赛、五人足球世界锦标赛、世界女子足球锦标赛。

1840 年鸦片战争以后，随着英帝国主义入侵香港，现代足球传入我国。

1910—1948 年期间举行的 7 次全国运动会，足球都被列入正式比赛项目。

中华人民共和国成立后，足球运动在党和政府的亲切关怀下，随着社会主义革命和建设的不断发展而蓬勃开展，成为人民大众最喜爱的运动项目之一。我国男子足球虽然在 2002 年冲出亚洲参加了第 17 届世界杯赛，但整体战绩不甚理想，有负国人众望。我国女子足球战绩较为辉煌：1986 年 12 月获第 6 届亚洲足球锦标赛冠军；1989 年 12 月荣获第 7 届亚洲足球锦标赛冠军；1990 年荣获第 8 届亚运会冠军；1996 年荣获第 26 届奥运会亚军；1999 年荣获第 3 届世界女子足球锦标赛亚军。2000 年 4 月,中国女足队员孙雯荣获国际足联颁发的世界杯金球奖和金靴奖及世纪最佳女足运动员,并荣获亚洲足联授予的"最佳运动员"称号,成为中国足球史上享有足球最高殊荣的第一人。

第二节　足球基本技术

一、颠球

颠球是指运动员用身体的除手外各个部位连续地触击球并加以控制,不让球落地的技术动作。它是运动员熟悉球性的一种主要手段,以增强对球的弹性、重量、旋转及触球时用力轻重的感觉。熟练地掌握颠球技术可以对踢球、接球、顶球、运球等技术产生良好的直接转移和间接转移。因此,颠球对任何级别的运动员来说都是应该经常坚持练习的。它主要包括双脚脚背颠球、双脚内侧颠球、双脚外侧颠球、大腿颠球、头部颠球等几种。

(一)技术动作要领

(1)双脚脚背颠球。脚向前上方摆动,用脚背击球,击球时踝关节固定,击球的下部。两脚可交替击球,也可以一只脚支撑,另一只脚连续击球。击球时用力要均匀,始终将球控制在身体周围。

(2)双脚内侧、外侧颠球。抬腿屈膝,用脚的内侧或外侧向上摆动,击球的下部,两脚内侧或外侧交替击球。

(3)大腿颠球。抬腿屈膝,用大腿的中、前部位向上击球的下部。抬腿不宜过高,与髋关节高度平行或稍高于髋关节即可。两腿可交替击球,也可一只脚支撑,用另外一条大腿连续击球。

(4)头部颠球。两脚开立,膝部微屈,用前额部位连续顶球的下部。顶球时,两眼注视来球,两臂自然张开,以维持身体平衡。

(5)各部位连续颠球。根据上述单一颠球技术动作要领,用各部位配合连续颠球,配合的部位越多,难度越大。颠球的部位有脚背、脚内侧、脚外侧、大腿、头部、胸部、肩等。

(二)颠球时易出现的错误及应注意的问题

(1)击球时踝关节松弛,造成用力不稳定,使踝关节紧张用力。

（2）双脚脚背颠球时脚背与地面平行，脚尖向下或向上勾将造成球受力后向前或向后触碰身体，使球难以控制。

（3）颠球时身体其他部位应放松，不然易造成动作僵硬。

（4）头部颠球时应注意腿部、躯干、颈部配合协调用力，不宜仅靠颈部用力。

（三）练习方法

（1）一人一球颠球。自抛自颠，先一只脚颠，熟练以后再用双脚颠球，体会触球的时间、触球的部位、触球的力量和整个动作的协调配合。

（2）两人一球颠球。用脚背、大腿、头部及身体各部位触球，掌握好触球的力量，尽量不让球落地。每人可触球一次颠给对方，也可触球多次互颠。

（3）四五人一组，围圈用两球颠传球。可规定每人触球的次数与部位，也可自由掌握触球的次数与部位。颠传时要注意观察，防止两个球同时颠传给一个同伴。

（4）"足排球"游戏。以3~4人为一组，进行颠球比赛，规则可类似排球规则，颠球部位不限，每次击球次数规定为3~4次。以记分形式来分胜负。

（5）集体头颠球。练习者站成一路纵队，第一个人向上方顶球后跑到队尾，第二个人上前以同样的方法练习，以此类推，记集体头颠球次数。

（6）各部位颠球。练习时可用左、右脚背，左、右脚内侧，左、右脚外侧，左、右大腿，左、右肩，头，胸等部位颠球。可规定颠球时的顺序，并以每部位不重复一次为一套，记套数。

二、踢球

踢球是指运动员有目的地用脚的某一部位将球击向预定目标位置的技术。它是足球技术中最重要的技术之一，主要用来传球和射门。

（一）踢球技术动作结构分析

踢球的方法很多，其动作要领也不尽相同，然而它们的整体结构是一致的，都是由助跑、支撑脚站立、踢球腿摆动、脚触球和踢球后的随前动作五个环节组成。

（1）助跑。助跑是指踢球前的几步跑动。它的作用在于调整人与球的方向、距离，以便在踢球时使支撑脚能够处于所需要的正确位置，从而增加击球的力量和速度。助跑最后一步要大一些，这是为踢球腿的充分摆动、增大摆腿速度、制动身体的前冲和提高击球的准确性创造条件。助跑分为直线助跑和斜线助跑。助跑的方向和出球方向相同的称为直线助跑;助跑的方向和击球方向成交叉的称为斜线助跑。

（2）支撑脚站立。支撑脚的位置要以踢球腿的摆动能达到最大的摆幅、发挥最大的速度和有利于踢球脚准确地接触球的合适部位为原则。支撑脚的位置一般是由所使用的踢球方法(脚法)来决定的。凡采用的踢法需要踩在球的侧方的,一般距离球 10cm～15cm;凡采用的踢法需要踩在球侧后方的,一般距离球25cm～30cm。踢活动球时,更要掌握好支撑脚的位置。支撑脚落地时球仍在继续运行之中的,要把踢球腿后摆的时间计算在内。如追踢向前滚动的球时,支撑脚落地的位置要稍靠前,这样才能与球保持合适的距离。支撑脚要积极踏地以制动身体的前冲力量,膝关节微屈以维持身体的平衡、保证充分的摆动和自如地踢球。因此,支撑脚实际上起着固定支点的作用。

（3）踢球腿摆动。击球力量的大小由多方面的因素决定,但主要取决于踢球腿的摆动。它是踢球力量的主要来源。摆幅大,摆速快,踢出去的球就会力量大,速度快,运行距离远。因此,踢球腿的摆动动作是否正确,直接关系到踢球的力量大小、球速大小和球运行距离的远近。踢球腿的摆动是在支撑脚跨步时(助跑最后一步)顺势向后摆起的。在支撑脚着地的同时以髋关节为轴,大腿带动小腿由后向前摆,当膝关节摆到接近球的垂直上方的一刹那,小腿加速前摆击球。

（4）脚触球。触球部位包括踢球脚的部位和击球的部位。一般来说,用脚的某一部位击球的后中部,作用力通过球心,出球会平直。当踢各种活动来球时,应准确判断来球的速度、方向,根据出球目标,合理地选择踢球脚及脚与球接触的部位。

在现代足球比赛中,运动员已广泛地采用了弧线球(香蕉球)踢法。这种踢法主要运用脚背内侧或外侧击球,击球的作用力不通过球心,使球产生旋转,并沿着一定弧线运行。这种球具有一定的隐蔽性。此外,也可以用正脚背抽踢前旋球。

（5）踢球后的随前动作。踢球后随着腿的前摆和送髋,使身体重心向前移动,这样既易于控制出球方向和加大踢球力量,又能缓和因踢球腿急速前摆而产生的前冲惯性,以维持身体的平衡。踢球后的随前动作还便于下一个动作的衔接。

在上述五个环节中,支撑脚的站立、踢球腿的摆动、脚触球是主要环节。

（二）各种踢球技术动作要领与特点

踢球的方法很多,但主要有脚内侧踢球、脚背正面踢球、脚背内侧踢球、脚背外侧踢球,以及脚尖踢球和脚跟踢球。

1.脚内侧踢球(又称脚弓踢球)

脚内侧踢球是用脚内侧部位踢球的一种方法。其特点是脚与球接触面积大,出球准确平稳,且易于掌控。而由于踢球时要求大腿前摆到一定程度时外展且屈膝,故大腿与小腿的摆动都受到限制,因此出球力量相对较小。其摆幅较小,使用也较方便。

(1)脚内侧踢定位球。其动作要领是直线助跑,支撑前的最后一步稍大些,支撑脚踏在球的侧面约15cm处,脚尖正对出球方向,膝关节微屈。在支撑脚着地时,踢球腿的大腿带动小腿由后向前摆动,在前摆的过程中大腿外展,当膝关节的摆动接近球的正上方时小腿做爆发式摆动,在触球前将脚跟送出使得脚内侧部位所形成的平面与出球方向垂直,踢球脚的脚底与地面平行,脚尖稍翘起,踝关节用力绷紧使脚型固定,触(击)球后身体跟随移动,髋关节向前送(图8-1)。

图8-1　脚内侧踢定位球

(2)脚内侧踢空中球。其动作要领是根据来球速度和运行轨迹及时跟进到位,踢球腿的大腿抬起(屈)并外展,小腿弯曲并绕额状轴后摆。利用小腿绕额状轴由后向前摆动,当摆至额状面时与球接触,击球的中部(图8-2)。

图8-2　脚内侧踢空中球

（3）脚内侧踢各种方向来的地滚球时主要应考虑：①脚触球瞬间，支撑脚与球的相对位置能否保证与踢定位球时基本相同；②出球方向应考虑与脚接触时的入射角及球运行的速度；③由于来球方向不同，踢球腿摆动多数依靠小腿爆发式的摆动。

（4）脚内侧踢反弹球。根据来球落点及时移动到位，支撑脚的站位与球的落点应保持踢定位球时的相对位置。踢球腿的摆动与踢定位球时相同。在球落地后刚弹离地面的瞬间用脚内侧击球的中部。

2. 脚背正面踢球（又称正脚背踢球）

正脚背踢球采用脚背正面部位踢球，摆幅相对较大，加之与球接触面积相对较大，因而踢球力量大，准确性较强。在比赛中经常使用脚背正面踢定位球、地滚球、空中球、反弹球及倒勾球。球的性质多为不旋转的直线球，但也可用来踢抽击性前旋球。

脚背正面踢定位球。其动作要领是直线助跑，最后一步稍大些，支撑脚积极着地支撑，在球的侧面 10cm～12cm 处，脚尖正对出球方向，膝关节微屈，踢球腿随跑动向后摆动，小腿屈曲，在支撑脚着地的同时踢球腿以髋关节为轴，大腿带动小腿由后向前摆动。当膝关节摆至接近球的正上方时，小腿做爆发式摆动，脚背绷直，脚趾紧扣，以正脚背击球的后中部。击球后身体及踢球腿随球前移。此外正脚背还可以踢凌空球、反弹球、倒勾球、搓击球和抽击球等（图 8-3）。

1　　　2　　　3　　　4　　　5　　　6

图 8-3　正脚背踢球

3. 内脚背踢球

内脚背踢球是指用第一跖骨及跖趾关节部位踢球的一种方法。其技术结构与前两类踢球方法相同，但技术细节有所差别。

内脚背踢定位球。其动作要领是斜线助跑,助跑方向与出球方向约成45°角,最后一步稍大,以支撑脚积极着地,脚尖指向出球方向,距球内侧后方20cm~25cm,膝关节微屈。在支撑的同时,踢球腿已完成后摆,并以髋关节为轴,大腿由后向前摆动,当大腿摆至与支撑腿接近同一平面时,小腿做爆发式摆动,此时脚尖外转,脚背绷直,以内脚背触球。击球后身体及踢球腿随球前移。此外内脚背还能踢各种方向的地滚球、反弹球、侧面半高球及削踢定位球(香蕉球)(图8-4)。

图8-4　内脚背踢球

4. 外脚背踢球

外脚背踢球是指用第三、四、五跖骨部位接触球的一种踢法。由于踢这种球的脚腕灵活性较大,摆腿方向变化较多,助跑又是正常的跑动姿势,所以出球隐蔽性较强,足球比赛中各种距离的弧线球及非弧线球均可使用这种踢法。

外脚背踢定位球。其动作要领是助跑、支撑脚站位及踢球腿摆动,这三个动作要领均与正脚背踢球技术的三个环节相同,用外脚背触球,此时要求膝关节和脚尖内转,脚背绷紧,脚趾紧屈并提膝,触球后身体随踢球腿的摆动前移。此外,外脚背还能踢各种方向的地滚球、反弹球、削踢定位球及弹踢球(图8-5)。

图8-5　外脚背踢球

(三)踢球易出现的错误及应注意的问题

1. 踢定位球

(1)支撑脚位置偏后,踢球时身体后仰或臀部后坐,脚触在球的后下部,踢出球偏高。

(2)踢球腿的后摆较小或没有后摆,而仅是将球踢出以至前摆过分,造成踢球无力或出球较高。

(3)在前摆过程中小腿爆发式摆动过早,使得脚触球时并非小腿摆速最大之时,因而出球无力(对出球方向也有影响)。

(4)踢球腿摆动方向不正,以至踢球施力方向没有通过球的重心,出球旋转。

(5)脚趾弯曲不够,以至不能用脚的正确部位触球,出球力量和方向均受影响,且易损伤脚趾。

(6)踢球脚与球接触时未能按要求接触球的合理部位,影响了出球的准确性,对出球力量及性质也相应产生影响。

2. 踢地滚球

(1)支撑脚站位不当,没有根据来球的方向、速度、性能等选择支撑脚的位置,也没有对自己踢球腿的摆动速度加以控制。

(2)没有根据来球的方向和速度合理选择助跑路线和脚法。

3. 踢空中球

(1)支撑脚位置或摆腿击球时间不当,出现踢空现象。

(2)踢球的部位不准,出球偏离预定目标。

4. 踢旋转球

(1)削球太"薄",出球乏力。

(2)削球太"厚",球的转速差、弧度小。

(3)踢球时不会做沿球面弧形摆动,影响球的旋转效果。

(四)练习方法

(1)各种踢球技术动作的模仿练习。

(2)一人用脚底挡球(踩球),另一人踢球。

(3)踢墙练习。距离墙 5m 左右,练习小腿摆动的速度。

（4）各种脚法的两人练习和踢远、踢准练习。

三、运球

运球是指运动员在跑动中主要用脚向跑动前方推拨球,并使球始终保持在自己身体周围有效控制范围之内的一种技术。它既是运动员个人控球能力和个人进攻能力的集中体现,又是为完成战术配合、调节比赛节奏、选择良好的传球时机与方位的过渡以及个人突破服务的。

（一）运球技术动作结构分析

（1）运球方法的选择与准备。

（2）跳动中间断触球。

（3）为下一步动作的连接做好准备。

（二）各种运球技术动作要领及特点

运球技术主要有脚内侧运球、正脚背运球、外脚背运球、内脚背运球。

（1）脚内侧运球。其动作要领是要求在运球前进时支撑脚始终领先于球,位于球的侧前方,肩部指向运球方向,支撑腿微屈,重心放在支撑脚上,另一条腿提起屈膝,用脚内侧推球前进,然后运球脚着地（图8-6）。

1　　　　　　2　　　　　　3

图8-6　脚内侧运球

（2）正脚背运球。其动作要领是运球移动时与正常跑动姿势相同,上体稍前倾,步幅不宜过大,运球腿提起,膝关节微屈,髋关节前送,提踵,脚尖下指,在着地前用正脚背触球的后中部将球推送前进。

（3）外脚背运球。其动作要领是运球时身体持正常跑动姿势，上体稍前倾，步幅不宜过大，运球腿提起，膝关节微屈，髋关节前送，提踵，脚尖向里旋转，使外脚背正对运球方向，在运球脚落地前用脚背外侧推拨球的后中部（图8-7）。

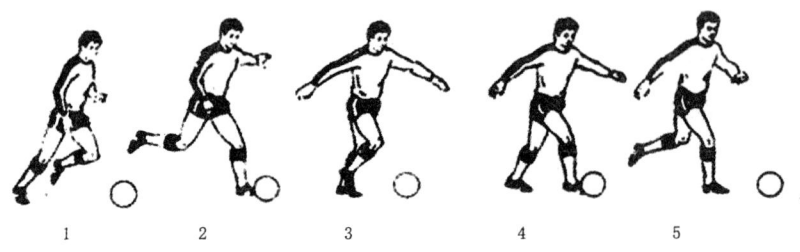

图8-7　外脚背运球

（4）内脚背运球。其动作要领是身体稍微侧转并自然协调放松，步幅小，上体前倾，运球腿提起外展，膝微屈外转，提踵，脚尖外转，使内脚背正对运球方向，在运球脚落地前用脚背内侧推拨球，使球随身体前进。

（5）其他。包括拨球、拉球、扣球、挑球和颠球等。

（三）运球过人的方法

（1）利用速度强行过人。

（2）利用身体掩护强行过人。

（3）利用变速运球过人。

（4）恰当地组合推、拨、挑、拉、扣、颠等动作过人。

（5）利用穿裆球过人。

（6）人球分路过人。

（7）运用假动作过人。

（四）运球易出现的错误及应注意的问题

（1）运球时推拨球力量太大或太小，造成身体重心偏离，失去了对球的控制。

（2）只顾低头带球没有观察场上情况的习惯，以致贻误战机。

（3）要学会利用身体掩护球，将防守者与球隔离开来。

（4）应根据场上的情况，采用不同的运球技术。

（五）练习方法

（1）在走与慢跑中分别用单脚脚内侧、正脚背、内外脚背沿直线方向进行运球。

（2）在走与慢跑中用双脚交替沿直线方向进行运球。

（3）在慢跑中弧线运球。

（4）拨球练习。

（5）拉球和拉球转身180°练习。

（6）运球绕杆练习。

（7）扣、拨、推组合练习。

（8）假动作过人练习。

四、接球

接球是指有目的地运用身体的合理部位将运行中的球停下来，并将球控制在所需要的范围内。

（一）接球技术动作结构分析

（1）判断与移动。

（2）选择接球方法与接球的部位。

（3）改变来球的力量。

（4）随球移动。

（二）各种接球技术动作要领及特点

（1）脚内侧接球。这是指用脚内侧部位接球的一种技术。由于脚触球面积大，动作简单，较易掌握，在比赛中经常使用这种技术接各种地滚球、平球、反弹球和空中球。

脚内侧接地滚球。其动作要领是支撑脚脚尖正对来球，膝关节微屈，同侧肩正对来球。接球腿提膝，大腿外展，脚尖微翘，脚底基本与地面平行，脚内侧正对来球并前迎，当脚内侧与球接触瞬间迅速后撤，把球接在脚下（图8-8）。

（2）外脚背接地滚球。其动作要领是将接球点放在接球腿一侧，支撑腿膝关节微屈。接球腿提起屈膝，脚内翻使小腿和外脚背与地面成一锐角，并对着接球后球运行的方向，脚离地面的高度应约等于球的半径，然后大腿向接球后球运行的方向推送，同时身体随球移动。

图8-8　脚内侧接地滚球

（3）正脚背接球。这种方法多用于接有较大抛物线的来球。其动作要领是根据来球的落点，及时移动到位，正脚背上迎下落的球，当球与脚面接触的一瞬间，接球脚与球下落的速度同步下撤，此时大腿膝关节、踝关节、脚趾均保持适度的紧张，脚尖微翘将球接到需要的地方。正脚背接高空落下的球时，也可以将脚微抬起，并适度背屈，当球接触脚背的瞬间踝关节放松将球接到身体附近。

此外，接球方法还有脚底接球、大腿接球、腹部接球、胸部接球、头部接球等。

（三）接球易出现的错误及应注意的问题

1. 接地滚球

（1）球从脚下漏过。

（2）接球时将球卡死在接球地点，触球的部位过高（接近球的直径）。

（3）接球后球未能到达理想位置，缓冲、加力或触球时所形成的反射角不当。

（4）接球后身体不能及时跟上，影响控球。

2. 接反弹球

（1）球从脚下漏过，未能准确判断球的落点及反弹的路线。

（2）未能将球接在理想位置。

（3）接球时将球卡在接球点，影响下一个动作的衔接。

3. 接空中球

（1）对球在空中运行的速度与轨迹判断不准确，或迟或早、或高或低，造成漏接。

（2）未能将球接在理想位置。

（四）练习方法

1. 个人接球技术练习

（1）利用足球墙进行练习。

（2）个人将球踢高,进行反弹球练习。

2. 多人接球练习

（1）两人面对面对传接球练习。

（2）两人跑动中进行传接球练习。

（3）多人传接球练习。

五、头顶球

头顶球是指运动员有目的地用前额将球击向预定目标的一种技术。在足球比赛中,运动员为了争取时间和取得空中优势,不需要等球落地,在空中就可以直接用头顶球的方法来处理球。它是传球、射门和抢截的有效手段,在进攻和防守中都起着重要作用。进攻时,可以利用头顶球直接攻门或传球来进行战术配合;防守时,则可利用头顶球阻截、破坏对方的传球配合或抢救险球,解除门前的危机,转守为攻,使比赛更加丰富多彩。

（一）头顶球技术动作结构分析

（1）移动选位。

（2）身体摆动。

（3）头触球。

（4）触球后的身体平衡。

（二）各种头顶球技术动作要领与特点

头顶球技术分为前额正面顶球与前额侧面顶球。

1. 前额正面头顶球

这是指由额肌覆盖着的额骨正面部位击球的一种头顶球技术。

（1）原地头顶球。其动作要领是身体正对来球方向,眼睛注视运动中的球,两脚左右或前后开立,膝关节微屈,重心置于两脚间的支撑面上,两臂自然张开。当球运行到垂直于地面的垂直线时,两腿用力蹬地,迅速向前摆体,在触球的瞬间颈部做爆发式振摆,用前额正面击球中部,上体随球前摆(图8-9)。

图8-9　原地头顶球

(2)跑动头顶球。其动作要领与原地头顶球相同,只是第一环节应正对来球跑出抢点。球顶出后,由于跑动速度较快,为保持身体平衡须随球向前移动。

(3)跑动跳起头顶球。一般跑动跳起头顶球时都使用单脚起跳。其动作要领是根据来球的速度、运行轨迹,选好起跳位置,及时跑到起跳点,起跳前一步稍大些,起跳脚用力蹬地跳起,同时另一腿屈膝上摆,两臂自然上提(图8-10)。

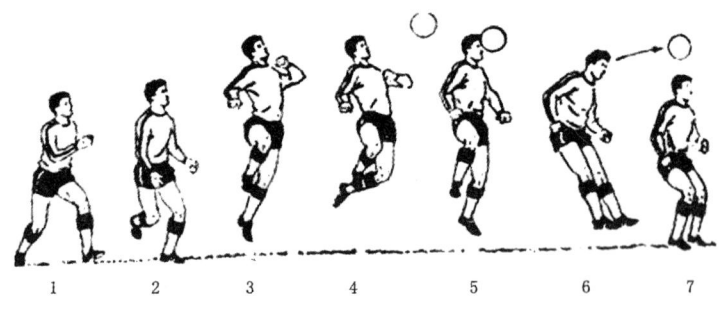

图8-10　跑动跳起头顶球

2. 前额侧面头顶球

(1)原地头顶球。顶球动作要领同正面头顶球,只是来球后以前额侧面击球的后中部。

(2)跑动头顶球。与原地头顶球动作要领相同,不同的是此动作是在快速跑动中开始和完成的。

（3）跳起头顶球。分为原地跳起与助跑跳起头顶球两种。其动作要领是在起跳后的身体上升阶段上体向出球方向摆出，颈部扭摆甩头，用前额侧面击球的后中部，将球击向预定的目标。落地时屈膝以缓冲落地力量并持身体平衡（图8-11）。

图8-11　跳起头顶球

（三）头顶球易出现的错误及应注意问题

（1）顶球时应消除害怕心理，不要闭眼顶球，否则会造成触球部位不准确，影响出球质量。

（2）应对来球的速度和运行路线有准确的判断能力，判断不准会造成选择位置和起跳位置的不当，顶不到球。

（3）应掌握好起跳时机，过早或过晚起跳都易造成漏顶球和出球乏力。

（四）练习方法

（1）个人头顶球练习。练习方法有模仿动作练习、自己手抛顶球练习、对足球墙顶球练习。

（2）多人头顶球练习。练习方法有两人相互抛球顶球练习、两人不落地对顶练习、传球用头顶球射门练习、两人同时争顶练习等。

六、抢截球

抢截球是指运动员在规则允许的范围内，使用身体的合理部位，把对手对球的控制权夺过来或破坏掉的技术。它既是转守为攻的积极手段，又是防守技术的综合体现。现代足球全攻全守的打法，要求每个运动员都要具有良好的抢截球技术。

抢截球技术具体包括抢、断、铲、堵、争顶五大类。

（一）抢截球技术动作结构分析

（1）选位。选位时需注意对对手控球情况和接应队员情况的观察，以及对对方意图的分析判断。

（2）抓住时机，实施抢截动作。在实施抢截动作时，时机最重要，过迟或过早都会影响抢截的效果，甚至会造成失败。

（3）在实施抢截动作后，应迅速使身体恢复到下一个动作所需要的状态和位置。抢截技术需要在不同情况下使用不同的抢截动作，有时在实施抢截动作时会使身体呈现各种状态，可能不利于下一个动作的连接（如倒地铲球后使身体失去正常状态），为保证与下一个动作的紧密连接，应在抢截后使身体迅速恢复到所需要的状态和位置。

（二）各种抢截球技术动作要领与特点

从防守者与进攻者的相对位置来看，可分为正面抢截球、侧面抢截球和侧后方抢截球三类；从抢截的方法来分类，主要包括抢球、断球、封堵、铲球四个方面。

1. 正面抢截球

正面抢截球是指控制对方队员从正面运球前进时所采用的抢截球方法。

（1）正面跨步抢截球。其动作要领是抢球者两脚前后开立，两膝微屈，身体重心下降置于两脚之间，面向对手，两眼注视对方脚下的球。当运球者与抢球者之间的距离缩小到一定范围（即抢球者上前跨一大步就可触到球），运球者脚触球后落地或即将着地的瞬间一脚蹬地，快速跨步，上体前倾，重心落在抢球脚上，抢球脚以脚内侧封挡球，将球抢在自己

图 8-12 正面跨步抢截球

的控制范围内，将身体置于球与对方队员之间保护好球。有时，双方的脚同时触碰球，处于夹住球的状态，此时抢球者要抬腿顺势向上提拉，使球从对方脚面滚过，身体重心迅速跟上把球控制好（图 8-12）。

（2）正面铲球。当抢球者向前跨步也触不到球，而对方运球时球离身体较远时，就采用此方法，争取尽可能快地触到球。其动作要领是移动接近控球者，膝关节微屈，重心下降，当控球者触球脚触球后尚未落地时，抢球者双脚沿地面向球滑

铲,随即用手扶地向一侧翻滚,然后尽快起身(图8-13)。

图8-13　正面铲球

2.侧面抢截球

当防守者与控球者距离球的位置大体相同,并肩跑动时,或者防守者追赶运球者且距离球的位置几乎相等时,就采用侧面抢截球这种方法。

(1)合理冲撞抢球。其动作要领是当防守者并肩与运球者跑动追球时,防守者重心稍下降,靠近对手一侧手臂紧贴身体,在对方同侧脚离地的瞬间,用肘关节以上的部位适当冲撞对手同样的部位,使对手身体失去平衡,乘机将球抢过来并控制住(图8-14)。

图8-14　合理冲撞抢球

(2)同侧、异侧脚铲球。其动作要领是防守者在跑动中根据双方离球的距离做出判断,当对手不能立即触到球时,用同侧或异侧脚用力蹬地,使身体向前方跃出,同侧或异侧脚沿地面向前滑出,将球破坏或控制住。落地的次序是小腿外侧、大腿外侧、手着地,然后向两侧翻转,手撑地迅速恢复到下一个动作所需要的位置。

在激烈的比赛中,由于铲球可以最大限度地争取时间和扩大控制面积而被广泛地运用到踢球、接球、运球、抢球等技术中去。

(三)抢截球易出现的错误及应注意的问题

(1)正面跨步抢截球时,应注意身体重心及时跟上,并保持身体平衡。如果重心没能及时跟上,就很容易造成抢截球的失误。

(2)合理冲撞抢截球时,应注意冲撞动作的规范性。如用肘、臂推对手,猛烈或带有危险的冲撞等,都会造成犯规。

(3)铲球时,应注意停球脚离开地面的高度不能超过球的高度。否则极易伤害对手,还会造成犯规。另外,应注意铲球动作的安全性,着地不正确易造成铲球者受伤。

(4)运用各种方法抢截球时,都应正确把握抢截球的时机。过早或过晚都会造成失误。

(四)练习方法

(1)两人相距 2m,中间放一球,做跨步抢球练习。

(2)两人一组,一人正面运球,另一人练习跨步抢球。

(3)两人并肩同向慢跑,在跑动中做合理冲撞练习。

(4)一人直线运球,另一人由后面赶至,成并肩时伺机实施合理冲撞并控制球。

(5)原地铲球练习。将球放至身前 5m 左右处,原地蹬步上前铲球,待动作熟练后可将球沿地面缓慢抛出,自己追球将球铲掉,以体会如何对滚动的球实施铲球动作。

(6)一人直线运球前进,另一人由后赶至适当位置进行铲球练习。

第三节　足球基本战术

足球战术是比赛中为了战胜对手,根据主客观的实际情况所采取的个人行动和集体配合的总称。

战术在比赛中的作用是将集体的力量组织起来,发挥每一个队员的特长,根据对手和自己的情况,采用一定的阵型和配合方法,使队员在技术、身体素质、战术意识等方面发挥较高水平,从而取得比赛的优异成绩。

一、比赛阵型

比赛阵型就是为了适应攻守战术的需要,全体队员在场上的攻守力量搭配、职责分工及位置排列。它是根据攻守需要而产生和发展的。

现代足球比较流行的阵型有:4-4-2 阵型、4-3-3 阵型、3-5-2 阵型、5-3-2 阵型等。

二、进攻战术

(一)个人进攻战术

1.摆脱与跑位

本方队员一旦得球,就要发动一次进攻,同队其他队员的任务就是摆脱对手的紧逼,以便在没有干扰的情况下获得同队队员的传球,完成战术配合,把进攻推向对方球门,争取射门进球。

2.传球

传球是战术配合的基础,是完成战术配合、创造射门机会的主要手段。

传球的战术因素包括传球的目标、传球的时机和传球的力量。

传球的目标:传球目标一般分为脚下传和空中传两种,但向前传球和向空位传球是主要的传球目标。

传球的时机:比赛中传球有两种情况,一种是传球在先,跑位在后,传球指挥跑位;另一种是跑位在先,传球在后,以跑位促使传球。

传球的力量:一般来说,传球的力量应该适度且准确,这样有利于接球者处理球。

3.运球突破

运球突破是进攻战术中极为重要的个人战术。运球突破是突破密集防守,创造射门机会的有效手段;是冲破紧逼盯人造成局部地区以多打少,觅得传球空当,获得射门机会的有效方法;同时也是扰乱对方防线的锐利武器。

(二)局部进攻战术

1. 两人的局部进攻战术

两人的局部配合是集体配合的基础,在任何场区、任何位置都可以采用,而运用较多的是前场,在后场尤其在本方罚球区或罚球区附近,后卫之间应尽量减少不必要的传球配合。

2. 两人传球配合对队员总的要求

(1)抓住战机。由于场上局部地区出现好的传球时机或二过一的局面往往出现在一刹那,稍一迟缓,防守队员就会退守到位,变成二打二的局面,因此进攻队员必须抓住这一战机完成进攻战术配合。

(2)应根据防守队员的位置、场上空位及接应队员的位置等情况合理采用两人传球配合方法。

(3)随机应变。在进行两人传球配合过程中,控球队员一定要做传球配合或运球突破两手准备,一旦同伴接应发生困难或出现控球队员突破的良好时机时,应采用运球突破,这样才能收到良好的效果。

三、防守战术

(一)个人防守战术

选位与盯人:

(1)选位。防守队员选择的位置,原则上是站在对手与本方球门中心所构成的一条直线上,与对手的距离要根据场区以及球所处的位置来决定。

(2)盯人。盯人是指防守者本身所处的位置能够限制对手活动,及时封堵对手接球或传球路线。盯人有两种:紧逼盯人和松动盯人。紧逼盯人是贴近对手不给其从容活动的机会;松动盯人是与对手保持一定距离,以便随时上前抢截对手的球或在对手得球后能立即逼近对手进行紧逼盯人。

(二)局部的防守配合

保护与补位:保护与补位是局部地区集体防守的基础,保护是补位的前提,没有保护也不可能有有效的补位。防守队员补同伴在防守中出现的漏洞称为补位,是防守队员间相互协助的集体防守战术。

（三）整体防守战术

整体防守战术包括盯人防守、区域防守和混合防守三种。

混合防守战术就是盯人防守和区域防守相结合的防守方法。混合防守是目前世界各国所普遍采用的一种防守战术,它集中了盯人防守和区域防守两者的优点,从而在防守中能够根据场上情况进行逼抢、盯人、补位,以达到稳固防守的目的。混合防守能延缓对方进攻,快速退守到位,保持防守层次,快速实施紧逼盯人。球门前30m范围内是全队集体防守的关键区。

四、定位球战术

定位球战术是指比赛成死球时采用的攻守战术方法,包括球门球、中场开球、界外球、角球、任意球和点球。

（一）定位球的特点

资料显示,比赛中1/3的进球来自定位球。定位球在比赛中的地位极为重要,它已成为决定比赛胜负的重要因素,尤其在势均力敌的比赛中,关键的获胜进球常常来自定位球。此外,定位球以其特定的优势,在规定的9.15m内没有对手的阻碍,可投入较多队员在预定的位置上进攻,同时对本方的后方不易带来危险。为此,各国都很重视并加强对定位球战术(特别是前场任意球、角球和界外球)的研究和训练,并加以创新。这是因为定位球进攻与一般的配合进攻相比有以下五个方面的有利条件。

（1）球的罚出或掷出是在死球状态下,不存在控球问题。

（2）除掷界外球外,对手都必须在距离球9.15m以外的位置,无法对罚球队员施加防守压力。

（3）投入的进攻人数较多,一般有7~9名队员,他们可以在不招致任何风险的情况下进入攻击位置。

（4）队员可以在预先设计的进攻点站位,以最大限度地发挥每个队员的作用。

（5）通过训练可达到很高水平的协同行动与把握时机的能力。

这五个因素的综合作用,使得防守队员对定位球的防守难度极大,若进攻队员在配合中投入得更多,防守定位球的难度会进一步加大。

(二)定位球的战术种类

1. 前场任意球攻、防战术

(1)进攻任意球战术有直接射门、配合射门和两侧斜传强攻等。

(2)防守任意球战术包括干扰对手罚球、组织人员站位、控制和封锁要害空间等。

2. 角球的攻、防战术

(1)角球进攻战术有直接射门、直接传中、短传配合等。

(2)角球防守战术有控制危险区、紧逼盯人、防止对手短传快攻等。

3. 掷界外球的攻、防战术

(1)掷界外球进攻有两人配合、三人配合、掷球攻门等。

(2)掷界外球防守有局部盯人、紧逼保护等。

第九章　乒乓球训练与教学

第一节　乒乓球基本技术

乒乓球技术是在竞赛规则允许的条件下，所采用的各种合理击球动作方法的总称。它主要由握拍法、基本站位、基本姿势、基本步法、发球和接发球，以及各种击球方法所组成。本节将重点简述以下几种基本技术。

一、握拍法

握拍是乒乓球基本技术之一。正确的握拍是提高技术的一个重要部分，也是提高击球质量的保证。握拍的方法有直握拍和横握拍两种。不同的握拍法有不同的优缺点，从而产生了不同的打法。

（一）直拍握拍法

根据不同类型的打法，直拍握法主要有以下三种：

1. 直拍近台快攻握拍法

拍前，以食指第二指关节和拇指第一指关节扣拍，拍柄压在虎口上；拍后，其他三指自然弯曲，中指第一指节贴于拍的背面。

2. 直拍弧圈球型握拍法

拍前，拇指紧贴拍柄的左侧，食指扣住拍柄，形成一个小环圈紧握拍柄；拍后，其他三指自然伸直，顶住球拍背面的中间。

3. 直拍削球握拍法

拍前，拇指紧贴拍柄的左侧，并用力压拍；拍后，其他四指自然分开，托住拍的背面。

（二）横拍握拍法

虎口正对球拍侧面，用中指、无名指和小指自然握住拍柄，拇指贴于中指旁，食指自然伸出,斜贴在拍的背面。

(三)直拍握拍法的特点

攻球快而有力,攻斜、直线时,拍形变化小,对手不易判断,能从速度、球路和力量上取得主动;手腕动作灵活,发球可做较多变化。但反手击球时,受身体阻碍,不易起拍进攻;攻削转换手法变化大,影响击球速度和准确性;防守时,照顾面较小。

(四)横拍握拍法的特点

照顾面比直拍大,攻球和削球手法变化不大;反手攻球不受身体阻碍,便于发力和拉弧圈球;削球时用力方便,易发挥手臂的力量和掌握旋转变化。但在还击左右两面来球时,需要转动拍面,动作大,影响摆臂速度;攻直线球动作变化明显,易被对方识破;台内正手攻球较难掌握。

(五)握拍应注意的事项

(1)无论哪种握拍法,握拍都不能过紧、过松或太深、太浅,以免影响手腕动作的灵活性和击球的发力。

(2)无论哪种握拍法,在准备击球时或球击出后,手指都不要过分用力握拍。这样,既便于使拍形恢复到准备击球状态,又可使手的各部分肌肉及时放松,避免握拍过紧而造成手腕、前臂僵硬。

二、基本站位和基本姿势

(一)基本站位

乒乓球运动员的基本站位应根据不同类型打法和个人打法特点来确定。左推右攻打法基本站位在近台中线偏左,两面攻打法基本站位在近台中间,弧圈球打法基本站位在中台偏左,攻削结合打法基本站位在中台附近,以削球为主打法基本站位在中远台附近。

(二)基本姿势

两脚开立、略比肩宽,前脚掌内侧着地,脚后跟略提起,两膝微屈,上体稍前倾,重心在两脚之间,下颌稍内收,两眼注视来球。以右手握拍为例,持拍手臂自然弯曲位于身体右侧,手腕放松持拍于腹前,离身体20cm~30cm。

三、基本步法

步法移动是乒乓球运动的生命与灵魂,每个从事乒乓球运动的人都必须重视和加强步法的学习和训练。

（一）单步

当来球距身体较近时使用。以一脚为轴,另一脚向前、后或左、右移动一步,随之身体重心落在移动脚上。

（二）换步

当来球距身体较远时使用。以一脚向来球方向跨出一步,另一脚随即跟上去。

（三）跳步

当来球较快、角度较大且距身体较远时使用。以一脚用力蹬地,两脚同时离地向前、后或左、右跳动。

（四）跨步

当来球距身体远时使用。脚先向来球方向跨出一大步,另一脚向同一方向跟着移动—步。

（五）交叉步

当来球距身体很远时使用。先以来球反方向的脚向来球方向跨出一大步,体前交叉,然后另一脚跟着向来球方向迈出一大步。

（六）侧身步

当来球逼近身体时使用。一种是对方来球追身,可以以左脚为轴,右脚向左后移动一步;另一种是对方来球追身偏左方,应以左脚向左迈出一步,然后右脚向左后跨出一步。

（七）步法练习应注意的事项

（1）步法的起动与基本姿势密切相关,因而站位时两脚分开距离应略宽于肩。如过窄则重心不稳,过宽则重心虽稳但不利于迅速起动。

（2）为保证击球的稳定性,移动前后身体重心不宜有过大的起伏,始终要使身体重心保持在相近的水平面上。

四、发球与接发球

发球与接发球是乒乓球的重要基本技术。

(一) 发球

发球是乒乓球比赛每一个回合的开始,是力争主动、先发制人的第一环节。

发球技术主要由抛球和挥拍击球两个动作组成。抛球可分高抛球和低抛球两种方式。挥拍方向和击球部位是决定发球性质的关键,用力大小和第一落点的远近是发球变化的条件。下面介绍几种常用的发球技术。

1. 正手平击发球

准备姿势: 左脚在前,右脚在后,身体稍向右转;左手掌心托球置于右前方,右手持拍于身体右侧。

引拍动作: 持球手将球向上抛起,同时右臂稍向后引拍,使拍面角度稍前倾。

击球动作: 当球下降稍高于球网时,向前挥拍击球的中上部,使球落在本方球台中部弹起,越网落在对方台面。

2. 正手发奔球

正手发奔球的特点是球速快、落点长、冲力大,球的飞行弧线低并向左偏斜,具有较强的右侧上旋。

准备姿势: 基本与正手平击发球相同。

引拍动作: 持球手将球向上抛起,同时右臂向右后上方引拍,使拍面稍前倾。

击球动作: 当球下降至近于网高时,手臂迅速由右侧向左前方挥动,拇指压拍,稍向左偏斜。拍触球的瞬间,手腕向左上方抖动,使拍从球的右侧向右侧上方摩擦,第一落点靠近本方球台端线,越网落到对方右角台面。

3. 反手发急球

反手发急球的特点是球速急、落点长、弧线低、前冲力大,球的飞行弧线向右偏斜,左侧上旋。这种发球易发挥速度上的优势,有利于抢攻。

准备姿势: 右脚在前,左脚稍后,身体略向左转;左掌心托球置于身前,持拍手位于身前偏左侧。

引拍动作: 球向上抛起的同时,持拍手向左后方引拍,使拍面稍前倾。

击球动作: 当球下降至与网同高或略低时,用前臂和手腕发力,击球的中上部,球的第一落点靠近本方球台端线,越网落到对方台面。

4. 正手发左侧上(下)旋球

正手发左侧上(下)旋球的特点是球速不太急、旋转力较强、线路落点变化多、飞行弧线向右偏拐、对方回球向其左侧上(下)反弹。这种以近似手法发出两种不同旋转的球,能起到迷惑对方的作用。

1)准备姿势与正手平击发球相同

引拍动作:持球手将球向上抛起,同时持拍手向右上方引拍,手腕稍外展,使拍面方向略偏向左侧。

击球动作:当球下降稍高于网或与网同高时,持拍手前臂迅速向左下方挥动,腰部配合向左转,食指压拍,使拍从球的中部向左侧上方摩擦,球的第一落点靠近本方球台端线,越网落到对方台面。

2)准备姿势与正手发右侧上旋球相同

引拍动作:球抛起的同时,持拍手臂向右后上方引拍。

击球动作:当球下降稍高于网时,持拍手快速由右后方向前下方挥动,使拍从球的中下部向左下侧方向摩擦,球的第一落点靠近本方球台端线,越网落到对方台面。

5. 反手发右侧上(下)旋球

反手发右侧上(下)旋球的特点与正手发左侧上(下)旋转球相同,但旋转方向相反。

1)准备姿势与反手发急球相同

引拍动作:持球手将球向上抛起,同时右臂稍内旋,使拍面角度近似垂直,向左后方引拍,腰部稍向左转动。

击球动作:当球下降至接近网高时,右前臂加速由左后方向右上方挥动,腰部配合向右转,使拍从球的中部向右侧上方摩擦,球的第一落点靠近本方球台端线,越网落到对方台面。

2)准备姿势与反手发右侧上旋球相同

引拍动作:球抛起的同时,持拍手向左上方引拍。

击球动作:当球下降至稍高于网时,持拍手快速由左上方向右前下方挥动,使拍从球的中下部向右侧下方摩擦,球的第一落点靠近本方球台端线,越网落到对方台面。

6. 正(反)手发下旋加转与不转球

正(反)手发下旋加转与不转球的特点是球速较慢、前冲力小、旋转变化大,主要是用相似的发球手法,以旋转变化来迷惑对方,使其回接困难。发下旋加转球能控制对方攻势,发不转球易使对方接出高球或出界球,为进攻创造条件。

准备姿势、引拍动作基本与正手发左侧下旋球相同。

击球动作:当球下降至稍高于网或与网同高时,右前臂由右后上方加速向左前下方挥动,使拍从球的中下部向底部摩擦。拍触球时,手腕的发力要大于前臂的发力,才能发出较强烈的下旋球。球击出后第一落点靠近球网。

正手发不转球与正手发下旋加转球技术动作要领的区别主要在击球动作上,即拍触球的瞬间减小拍形后仰角度,击球的中部或中下部来减小向下摩擦球的力量,并稍加向前推球的力量,使作用力线接近球心,从而形成不转球。

7. 正(反)手发短球

正(反)手发短球的特点是击球动作小、出手快、球落到对方球台后的第二跳不出台,这种发球使对方接发球不易发力抢攻或抢拉。

其准备姿势、引拍动作基本上与正(反)手发左(右)侧上(下)旋球相同。

击球动作:击球时,主要靠手腕和前臂摩擦发力,控制向前的力量,摩擦球的部位同正(反)手发左(右)侧上(下)旋长球相同;发球后的第一落点要在本方球台中区,才能发出旋转较强的短球。

8. 正手高抛发球

正手高抛发球的特点是球抛得高,改变了一般低抛球的击球节奏,下降速度快,增大了球与拍的合力,因而发出的球速度快、变化多、旋转强。

准备姿势:左脚稍前,右脚斜后,身体稍向右转,左手掌心托球置于身体右前方,右手持拍于身体右侧。

引拍动作:持球手将球平稳地往上直抛,球离头部 2m 左右,同时腰和腿顺势向上稍挺伸,重心在左脚上;同时持拍手向右后上方引拍,两眼注视球的下落。

击球动作:当球降至与网同高或比网稍低时,右手臂在右后上方向左前方快速挥拍击球。发何种性能的旋转球、摩擦球的部位和第一落点区域均与低抛发球相同。其关键球点应在近腰偏右 15cm 处为好。

（二）接发球

接发球是与发球相对应的一项综合性技术，是乒乓球基本技术的重要组成部分。乒乓球比赛中，每局双方的发球与接发球的机会几乎相同，可见，接发球技术在乒乓球运动中与发球技术一样，具有重要的作用。

1.接发球站位的选择

要接好对方发过来的球，首要的一条就是根据对方发球的站位来决定自己的站位。如对方采用正手站在球台右方发球，可能发出右斜线或右直线球，右斜线来球角度大，直线球相对角度小，接发球的站位应站在中间偏右一些；如对方用反手或侧身站在球台左方发球，接发球站位应在中间偏左些。所以接发球站位偏左与偏右主要是从回接对方来球角度较大的斜线球来考虑的。站位离台的距离应根据自己的打法风格来决定。

2.判断来球性能和落点的方法

（1）从对方击球时的拍形角度来判断来球的方向。对方如发斜线球，拍面则向侧偏斜；对方如发直线球，拍面则向前。

（2）从对方发球挥拍动作和拍触球时的移动方向来判断来球的旋转性能。看清对方拍触球瞬间球拍的移动方向，千万不要被对方触球前后的假动作所迷惑。一般来讲，向上则带上旋，向下则带下旋，向左（右）则带左（右）侧旋。

（3）从对方发球时挥摆手臂的幅度和手腕用力的程度来判断来球落点的长短和旋转的强弱。一般来讲，手臂挥摆幅度大的发球，其落点长、力量大、速度快；手臂挥摆幅度小则相反。拍触球的瞬间，手腕抖动愈厉害，旋转力越强；反之则弱。

（4）从来球弧线判断来球落点的长短。来球飞行弧线的最高点在对方上空或靠近网前，来球落点短，反之则长。第一跳落点长、两跳间弧线短，则发过来的球是短球。第一跳落点短、两跳间弧线长，则发过来的是长球。

（5）从球的运行来判断来球的旋转性能。球的运行是指来球在空中飞行所表现出来的状况。下旋加转球在空中飞行的特点是前段快、后段沉；不转球在空中飞行的特点是前段慢、后段快，球落台后向前冲；左侧旋球在空中飞行弧线向右偏拐；右侧旋球在空中飞行弧线向左偏拐。

3.接发球的方法

（1）接正手奔球和反手急球的方法。因这两种球都具有速度快、弧线长、前冲力大的特点,并带有上旋,因此,右方奔球一般可用正手快带、快攻借力回接;左方急球一般可用反手推挡回接。如用削球回接,必须运用步法移动后退一些,等来球前进力减弱时再回接。

(2)接急下旋球的方法。因这种发球球速较快,飞行弧线低而长,并带有较强的下旋,如用推挡或攻球回接,应使拍面稍后仰以增加向上的发力,用拍触球的左(右)侧下部;如用搓球回接,首先运用步法移动后退,等来球前进力减弱时,击球中部向前发力,以抵消来球的前进力;用弧圈球回接时,应增加向上提拉的力量,在球下降期击球的中部或中下部。

(3)接左侧上(下)旋转的方法。回接这种球一般用推挡或攻球回接为宜。回接时,拍面稍前倾,略向左偏斜,以抵消来球的左侧旋,向前方用力相对加大一些,以防球触拍时向自己右上方反弹。如用搓球和削球回接,除使拍面略向左偏斜外,手臂应加大向前下方的摩擦力量,以免将球回得过高;如用弧圈球回接,除加大拍面的前倾角度外,还要多向前发力,少向上提拉。

接左侧下旋球一般用搓球或削球回接为宜。接球时,拍面稍后仰,略向左偏斜,以抵消来球的左侧旋,稍向前上用力,以防球触拍向自己左下方反弹。如用推挡、攻球回接,除注意拍面角度和所朝方向外,还要适当加大向上摩擦球的力量;如用弧圈球回接,除拍面前倾角度不宜过大外,还要多向上提拉,少向前发力。

(4)接右侧上(下)旋球的方法。右侧上(下)旋球是右侧旋与上(下)旋相结合的旋转球。回接方法基本与接左侧上(下)旋球相同,但方向相反。

(5)接短球的方法。因这种发球近网而不出台,既能控制对方接发球抢攻或抢拉,又能增大对方接发球的难度。一般来说,回接以短球为宜。

五、挡球和推挡球

挡球是初学者的入门技术。推挡球是左推右攻型打法的基本技术之一,也是其他各种类型打法必须掌握的一项基本技术。其特点是站位近、动作小、速度快、落点变化多,也具有一定的力量。所以在比赛中常用推挡的速度和落点变化调动和控制对方,为正手攻和侧身抢攻创造条件;在相持时又能起到积极防御和化相持为主动的作用。

(一)挡球

挡球的特点是球速慢、力量轻、动作简单易掌握。反复练习可熟悉球性,体会击球动作的基本结构,提高控球能力。

准备姿势:两脚平行或右脚稍后,身体离球台约 40cm 左右,呈基本姿势站立。

引拍动作:前臂与台面基本平行,拍面接近垂直,引拍于身体前方。

击球动作:前臂和手腕稍向前挥动,拍面接近垂直,在来球弹起上升期时,击球的中部。主要是借助来球的反弹力将球挡回。

(二)减力挡

减力挡的特点是回球弧线低、落点短、前进力弱,在对方离球台较远时使用,可调动对方的跑位。

准备姿势、击球后动作基本与挡球相同。

引拍动作:拍面稍前倾,不用向后引拍,前臂稍提高拍面放至身前。

击球动作:手臂迎前,在来球弹起上升初期,击球的中上部,拍触球的瞬间,手臂适度后收,以缓冲来球撞击拍的力量。

(三)快推

快推的特点是回球速度快、力量较轻、落点变化多;在发挥速度上的优势时,能起到助攻作用,也能袭击对方的空当。

准备姿势、击球后动作基本上与挡球相同。

引拍动作:持拍手上臂和肘关节回收靠近身体右侧,引拍于身体前方。

击球动作:在上臂的带动下,前臂和手腕向前伸,食指压拍,拇指放松,拍形稍前倾,在来球弹起的上升初期,推击球的中上部。

(四)加力推

加力推的特点是回球力量大、球速快、击球点高,能充分发挥手臂前推的力量,压制对方攻势,既能直接得分,又能造成对方被动接球,为下一拍进攻创造机会。

准备姿势、击球后动作基本上与挡球相同。

引拍动作:上臂后收,前臂提起,拍面稍前倾,引拍于身体前方。

击球动作:在上臂的带动下,前臂和手腕加速加力,在来球弹起上升后期或最高点时,推击球的中上部。

(五)推下旋

推下旋的特点是回球下旋、弧线较低、落点较长、球落台后下沉快。在推挡中使用既可减弱对方推压力量,又可使对方回接困难。

准备姿势、击球后动作基本上与挡球相同。

引拍动作:手臂内旋、拍面稍后仰,上臂后引,前臂稍上提,将拍引至身体前方。

击球动作:手臂向前移动,拇指压拍,拍面稍后仰,在来球弹起上升后期时,推击球的中下部。推击时手臂适当增大向前和稍向下的力量,以压低回球的弧线。

(六)推挤

推挤的特点是回球带左侧下旋、弧线低、回击斜线角度大。在推挡中使用既可增大对方回接的难度,又是对付弧圈球的一种有效方法。

准备姿势,击球后动作基本上与挡球相同。

引拍动作:手臂稍外旋,拍面稍前倾,上臂和肘关节后引较少,前臂上提,引拍至身体的前上方。

击球动作:手臂、手腕向左前下方挥动,拍面稍前倾,在来球弹起上升期,前臂和手腕向左前下方用力推挤球的左侧中下部,同时身体向左转动配合发力。

(七)挡球和推挡球的练习方法与步骤

(1)首先做台下徒手模仿练习,体会动作要领。

(2)两人台上不限落点对挡练习。

(3)两人台上左斜线对推练习。

(4)两人台上直线对推练习。

(5)一人用均匀力量推挡,另一人在推挡中结合推下旋或推挤练习。

(6)一点推两点或一点推不同落点练习。

(7)推、攻结合练习。

(八)挡球和推挡球练习应注意的事项

(1)推挡动作因引拍受身体阻碍,在准备击球时,必须要弯腰收腹加大引拍距离,以利发力。

(2)推挡时,肘关节应始终保持自然贴近身体,这样有利前臂向前发力。

(3)推挡时,拇指应放松,食指用力压拍,这样才能有效地控制拍面的前倾角度。

(4)推挡时,手臂的前推和后引动作幅度不宜过大,以免影响回收还原速度。

(5)推挡动作虽然主要由上肢完成,但只有充分利用身体重心的移动和腰部的转动,才能更好地增大推挡的力量。

六、攻球

攻球是现代乒乓球运动中争取主动和获得胜利的重要技术,也是各种类型打法的选手必须掌握的一项重要技术。其特点是速度快、力量大,能体现积极主动、快速进攻的指导思想。它可分为正手攻球和反手攻球两种。每种又可包括许多不同的攻球方法。下面我们介绍几种常用的攻球技术。

(一)正手快攻

正手快攻的特点是站位近、动作小、球速快,借来球反弹力还击,与落点变化结合,可调动对方,争取主动,为扣杀创造机会,是近台快攻打法的一项重要基本技术。

准备姿势:左脚稍前,身体离球台40cm～50cm,呈基本姿势站立。

引拍动作:以前臂为主引拍至身体右侧方,球拍呈半横状。

击球动作:在上臂带动下前臂和手腕由右侧方向左前上方挥动,拇指压拍,食指放松,拍面稍前倾,在来球弹起上升期,击球的中上部。

击球后动作:手臂随势向前挥摆,迅速还原成击球前的准备姿势。

(二)正手攻台内球

正手攻台内球的特点是站位近、动作小、球速快、击球点在台内。它主要是前臂和手腕发力击球,回球带有突击性,是还击近网球争取主动的一种进攻技术。

准备姿势:站位靠近球台,右方大角度来球时右脚上步,中间或偏左方向来球时左脚上步。

引拍动作:上步同时上臂和肘部前移,前臂伸进台内迎球,拍面低于球弹起的高度。

击球动作:当来球跳至高点期,下旋强时,拍面稍后仰,前臂和手腕向前上方发力,击球的中下部;下旋弱时,拍面接近垂直,前臂和手腕以向前发力为主击球的中部;上旋球时,拍面稍前倾,前臂和手腕向前发力击球的中上部。

(三)正手中远台攻

正手中远台攻的特点是站位稍远、动作大、力量重。对攻中,运用力量配合落点变化,能争取主动或直接得分;被动防御时,也可用此法进行反击。

准备姿势:左脚稍前,身体离球台 100cm 左右,呈基本姿势站立。

引拍动作:身体向右转动,持拍手臂较大幅度向右后方引拍,拍面接近垂直,重心在右脚上。

击球动作:右脚蹬地、向左转体的同时,上臂带动前臂由右后方加速向左前上方发力挥动,手腕边挥边转使拍形逐渐前倾,在来球弹起至下降前期,击球的中部或中上部。

(四)正手扣杀

正手扣杀的特点是动作大、球速快、力量重、攻击性强。它大多是在取得主动和优势的情况下,迫使对方回接出半高球时使用,能充分发挥击球的力量,是比赛中得分的一种重要手段。

准备姿势与正手快攻基本相同。

引拍动作:前臂内旋使拍面稍前倾,随着身体向右转动的同时,持拍手臂引拍于身体右后方,球拍呈半横状。

击球动作:随着右脚蹬地,身体左转的同时,持拍手上臂带动前臂加速向左前上方发力挥动,拍面稍前倾,在来球弹起至高点期,击球的中上部。一般击球点在胸前 50cm 为宜。

(五)正手拉攻

正手拉攻的特点是站位稍远、动作小而慢、线路多而活,靠主动发力摩擦回击来球,球速较慢,是还击下旋球的有效方法。

准备姿势:左脚稍前,身体离球台 60cm 左右,重心在右脚上,呈基本姿势站立。

引拍动作:持拍手臂向右后下方引拍,球拍比半横状稍下垂一些。拍形一般应根据对方旋转强弱而定,下旋强拍面稍后仰,下旋弱拍面接近垂直。

击球动作:持拍手上臂带动前臂由右后下方向左前上方挥动,在来球弹起至下降前期,提拉球的中部或中上部,同时重心由右脚移至左脚。

(六)正手杀高球

正手杀高球的特点是动作大、力量重、击球点高,是还击高球的一种进攻技术和有效方法。

准备姿势:左脚稍前,身体离球台稍远并右转。

引拍动作:持拍手臂随身体右转向身体右后方引拍,以增大球拍与来球的距离,充分发挥击球的力量。

击球动作:随着右脚蹬地身体左转的同时,上臂由右后下方向上抬起,加速向左前上方挥动,拍面前倾,前臂和手腕同时下压,在来球弹起下降前期至头肩之间高度时,击球的中上部,同时重心由右脚移至左脚。

(七)正手滑拍

正手滑拍的特点是动作小、带侧旋、弧线向右偏斜、回球角度大。比赛中使用这种攻球方式可迷惑对方,增加对方回接的难度,为进攻创造有利条件。

准备姿势:基本上与正手快攻相同。

引拍动作:手臂自然弯曲作内旋,使拍面稍前倾,引拍于身体右侧方,球拍呈半横状。

击球动作:在上臂带动下前臂由右向左挥动,在来球弹起高点期,手腕外展顺势向左一滑,击球左侧面中部,将球击到对方左角。

(八)正手侧身攻

正手侧身攻的特点是利用侧身发挥正手攻球的作用与威力,它是近台快攻选手的一项重要技术,也是争取得分的重要手段之一。

准备姿势:根据来球落点,迅速移动脚步,使身体侧向球台,左脚在前,上体稍前倾,腹部后收。

引拍动作:移动脚步的同时,手臂顺势向身体右侧引拍,拍形根据来球性能而定。若来球上旋,拍面稍前倾;若来球下旋,拍面稍后仰。

击球动作:根据来球情况可以侧身用快攻、拉攻、扣杀等技术攻球。

(九)放高球

放高球的特点是站位远、弧线长、曲度大、回球高。它是防御时所采用的一种手段,放高球可利用回球高度争取时间,有时也能造成对方回球困难或失误。

准备姿势:左脚稍前,身体离球台 100cm 以外,呈基本姿势站立。

引拍动作:上体稍右转,持拍手臂向右后下方引拍,球拍呈半横状稍后仰。

击球动作:手臂向前上方挥动,前臂向上用力,在来球弹起下降后期,拍形稍后仰击球中下部。

(十)放短球

放短球的特点是站位近、回球快、落点短,它与正手扣杀配合可以牵制对方,争取主动。

准备姿势：左脚稍前，身体靠近球台。

引拍动作：做出与攻球相似的引拍动作，引拍于身体右后方，幅度不宜过大。

击球动作：来球弹起时，手臂前伸迎球；来球下旋时，拍面稍后仰，在来球上升期击球中下部并稍用力前送；来球上旋或不转时，拍面接近垂直，在来球上升期击球中部并稍向下用力。

（十一）反手快攻

反手快攻的特点是站位近、动作小、速度快，借来球反弹力还击，它是两面攻打法的重要技术之一。左推右攻打法的选手也应具备反手快攻技术。

准备姿势：左脚稍后，身体离球台40cm～50cm，呈基本姿势站立。

引拍动作：持拍手臂自然弯曲并外旋使拍而前倾，上臂与肘关节自然靠近身体，引拍至腹前偏左的位置。

击球动作：在上臂带动下前臂和手腕向右前上方挥动，同时配合外旋转腕动作，使拍面稍前倾，在来球弹起上升期，击球中上部。

横拍反手快攻击球前，略向左后侧引拍，前臂与手腕近乎成直线，拍柄稍向下。击球时，前臂向右前上方挥动，触球瞬间手腕配合向外转动。击球时间、部位、拍形与直拍基本相同。

（十二）反手快拨

反手快拨的特点是动作小、球速快、线路活，借来球反弹力还击。它是横拍反手近台的一项基本技术。

准备姿势：右脚稍前，前臂自然弯曲，身体离球台40cm。

引拍动作：引拍至腹前偏左处，肘部稍前。

击球动作：当球从台面反弹时，前臂带动手腕向右前方挥动，拍形稍前倾，在来球弹起上升期，击球中上部。

（十三）反手拉攻

反手拉攻的特点是站位稍远、动作较小、线路活、力量轻，靠主动发力击球，它是还击左方来的下旋球的一种有效方法。正确掌握反手拉攻，可减少侧身拉攻，避免正手空当过大。

准备姿势：右脚稍前，身体离球台约60cm。

引拍动作:身体略向左转的同时,持拍手的上臂和肘关节靠近身体,前臂向左下方移动,引拍至身体左侧下方,球拍稍下垂略低于台面,拍面稍后仰。

击球动作:身体向右转的同时,上臂稍向前,肘关节内收,前臂快速向右前上方挥动,在来球弹起下降期,拍面稍后仰击球中部或中下部。

(十四)反手扣杀

反手扣杀的特点是动作大、球速快、力量重,攻击性强,它是还击半高球的有效方法,也是得分的一种重要手段。

准备姿势:右脚稍前,身体离球台 60 cm 左右。

引拍动作:上体左转的同时,持拍手臂向左后方移动,引拍至身体左侧后方,拍面稍高于来球。

击球动作:上体右转的同时,肘稍向前,上臂带动前臂用力向右前方挥动,并配合向外转腕,使拍面稍前倾,在来球弹起高点期前后,击球中上部。

(十五)反手中远台攻

反手中远台攻的特点是站位远、动作大、力量较重,在对攻站位退至中远台或不易侧身时,可主动发力回击,在被动防御时,可用它进行反击。

准备姿势:右脚稍前,身体离球台 70cm~100cm。

引拍动作:身体左转的同时,持拍手的上臂和肘关节靠近身体,前臂向左下方移动,引拍至身体左侧下方,拍面稍前倾。

击球动作:身体右转的同时,手臂由左后向前挥动,前臂在上臂带动下,向前上方用力,并配合向外转腕,使拍面稍倾,在来球弹起下降期,击球中下部。

(十六)反手攻台内球

反手攻台内球的特点是站位近、动作小、球速较快,击球点在台内,靠主动发力击球。它主要是前臂和手腕发力击球,是反手还击近网球的一种方法,也是迫使对方变搓攻为对攻的一项重要技术。

准备姿势:站位靠近球台,右脚向来球方向上步。

引拍动作:上步的同时上臂和肘部前移,前臂伸进台内迎球,一般拍面应低于来球弹起的高度。

击球动作:若来球是下旋力强的短球时,前臂向前上方发力,同时配合手腕外转动作,使拍面稍后仰,在来球弹起下降前期,击球中下部;若来球近网弹起较高或上旋时,引拍应至肩高,手臂先后收再向前下方发力,同时配合手腕外转动作,使拍面稍前倾,在来球弹起高点期,击球中上部。

七、搓球

搓球是近台还击下旋球的一种基本技术,也是各种类型打法的选手必须掌握的一项重要技术。其特点是出手快、动作小、回球线路较短、落点和旋转变化较多。搓球既是接下旋球比较稳健的技术,又是为寻找进攻机会的过渡技术。因此,它与攻球结合可形成搓攻战术。搓球一般可分为快搓球、慢搓球、搓转球与搓不转球等几种。

(一)快搓球

快搓球的特点是动作较小、速度较快、回球下旋力一般。它主要是借助来球的前进力回击,是对付削球和搓球较有效的方法。它可分为正手快搓和反手快搓两种。

1.正手快搓技术动作要领

准备姿势:左脚稍前,身体略向右转,离球台约40cm。

引拍动作:手臂外旋使拍面稍后仰,前臂向右上方抬起,引拍至身体右前上方。

击球动作:在上臂向左前下方送的力量带动下,前臂和手腕向左前下方用力,拍面稍后仰,在来球弹起上升期,击球的中下部。

2.反手快搓技术动作要领

准备姿势:右脚稍前,身体离球台约40cm。

引拍动作:手臂内旋使拍面稍后仰,前臂向左上方抬起,引拍至身体左前上方。

击球动作:在上臂前送力的带动下,前臂和手腕向右前下方用力,拍面稍后仰,在来球弹起上升期,击球的中下部。

(二)慢搓球

慢搓球的特点是动作较大、速度稍慢、回球下旋力较强。慢搓与快搓结合能主动改变击球节奏,牵制对方,可为进攻创造条件或直接得分。它也可分为正手慢搓和反手慢搓两种。

1.正手慢搓技术动作要领

准备姿势:左脚稍前,身体稍向右转,离球台约50cm。

引拍动作:手臂外旋使拍面稍后仰,前臂向右上方抬起,引拍至身体右上方。

击球动作:在上臂向左前下方移动力量带动下,前臂和手腕迅速向左前下方用力,拍面稍后仰,在来球弹起下降期,击球的中下部。

2.反手慢搓技术动作要领

准备姿势:右脚稍前,身体离球台约50cm。

引拍动作:手臂内旋使拍面稍后仰,前臂向左上方抬起,引拍至身体左上方。

击球动作:在上臂向右前下方移动力量带动下,前臂和手腕迅速向右前下方用力,拍面稍后仰,在来球弹起下降期,击球的中下部。

(三)搓转球与搓不转球

搓转球与搓不转球的特点是用相似手法搓出转与不转两种不同性能的球,迷惑对方,使对方难以判断,增加对方回接的难度或造成对方接球的失误。快搓和慢搓都能搓转球与不转球。搓球转与不转,关键在于搓球作用力线是远离球心、接近球心还是通过球心。作用力线远离球心,旋转力就强;接近球心,旋转力就弱;通过球心则不转。

准备姿势、引拍动作都基本与快搓和慢搓相同。

正(反)手搓转球的击球动作要领:在上臂向左(右)前下方移动力量的带动下,前臂和手腕加速向前下方用力,在来球弹起下降期,用球拍靠下部分尽量薄的地方切击球的中下部,以利于作用力线远离球心,形成转球。

正(反)手搓不转球的击球动作要领:左上臂向左(右)前下方移动力量的带动下,前臂和手腕迅速向前下方用力,在来球弹起下降期,用球拍靠上部分或中部碰球的中下部,以利于作用力线通过球心或接近球心,形成不转球或相对的不转球。

八、削球

削球是乒乓球运动防守的基本技术之一,也是防守型打法的选手必须掌握的一项重要技术。随着乒乓球运动的发展,进攻技术的不断提高,削球打法已摆脱了消极防守的传统套路,而是在稳健削球的基础上,积极通过旋转和控制落点变化牵制对方,伺机进攻。它一般可分为正(反)手的近削、远削、削追身球、削突击球和削弧圈球等几种。

(一)近削

近削的特点是站位较近、动作较小、击球点高、球速较快、前进力较强,通过旋转与落点变化可控制对方,增加其回球困难,从而伺机反攻或造成对方接球失误直接得分。正手近削技术动作要领如下。

准备姿势:左脚稍前,上体稍向右转,重心在右脚上,身体离球台约 100cm。

引拍动作:手臂自然弯曲,前臂略抬起,手臂外旋使拍面稍前倾,引拍至身体右上方与肩同高。

击球动作:身体向左转动的同时,在上臂带动下前臂向左前下方用力压,拍面稍后仰,在来球弹起上升后期或高点期,击球的中部或中下部。

反手近削技术动作要领与正手近削基本相同,但方向相反。

(二)远削

远削的特点是动作较大、球速较慢、弧线长、击球点低,以旋转变化为主,配合落点变化可调动和控制对方,增加回球难度或造成对方接球失误直接得分。

正手远削技术动作要领如下。

准备姿势:左脚在前,上体稍右转,重心在右脚上,身体离球台 100cm 以外。

引拍动作:手臂自然弯曲,前臂略抬起,手臂外旋使拍面后仰,引拍至身体右上方与肩同高。

击球动作:身体向左转动的同时,在上臂带动下前臂向左前下方用力,拍面后仰,在来球弹起下降期,击球的中下部。因站位远,击球点低,所以击球瞬间前臂应加大向前的击球力量。

反手远削技术动作要领与正手远削基本相同,但方向相反。

(三)削追身球

削追身球的待点是因对方来球直奔身体,削球必须左、右让位,才能挥拍回接,这是一项技术难度较大的削球。

正手削追身球技术动作要领如下。

准备姿势:如果对方来球直追身体正中或偏右方,应向左让位,即右脚后撤,弯腰收腹向右转体,重心落在右脚上。

引拍动作:向右转体的同时,上臂靠近身体,前臂迅速抬起,手臂稍外旋,使拍面稍后仰,引拍至身体右上方。

击球动作:在上臂带动下,前臂从上向下用力,拍面稍后仰,在来球弹起下降期,击球的中下部。

反手削追身球技术动作要领基本上与正手削追身球相同,但方向相反。

（四）削突击球

削突击球的特点是接对方突击来的力量大、速度快的大力扣杀球,削球时往往处于被动防守状态,增大了回球的难度,但只要具备良好的移动步法、准确的判断和较好的控制能力,就能由被动转为主动。

正手削突击球技术动作要领如下。

准备姿势:根据来球方向和落点迅速向后移动,取得适宜的击球位置,左脚稍前。

引拍动作:手臂外旋使拍面接近垂直,加大前臂上抬动作,引拍至身体右前上方。

击球动作:手臂从右前上方向左下方用力,拍面接近垂直,在来球弹起下降前期,切球的中部。要求下压力多于前送力,借来球反弹力还击。

反手削突击球技术动作要领基本上与正手削突击球相同,但方向相反。

（五）削转球与削不转球

技术动作要领基本上与搓转球与搓不转球相同,只是削球站位远,故动作幅度和击球的用力都相对比搓球大一些。具体方法可参照搓转球与搓不转球。

（六）削加转弧圈球

削加转弧圈球的特点是因来球上旋转力强、弧线曲度大,故削球时击球时间晚、击球点低、动作大,利用来球向上的反弹力形成自然回球弧线,借助腰、膝力量向下发力。

正手削加转弧圈球技术动作要领如下。

准备姿势:左脚稍前,身体离球台 100cm 以外。

引拍动作:手臂自然弯曲稍外旋,使拍面稍后仰,身体向右偏斜,手臂向右后上方移动,前臂抬起,引拍至身体右后上方。

击球动作:身体向左转动的同时,上臂带动前臂向下用力为主,适当向前;先压、后削、再送,同时弯腰屈膝辅助向下发力,在来球弹起下降后期,拍面稍后仰,借助来球向上的反弹力,击球的中部偏下部位。

反手削加转弧圈球技术动作要领基本上与正手削加转弧圈球相同,但方向相反。

（七）削前冲弧圈球

削前冲弧圈球的特点是因来球上旋转力强、弧线曲度小、前冲力大,故削球时站位远、击球时间晚、击球点低、动作大,利用来球前进力和借助腰、膝力量发力。

正手削前冲弧圈球技术动作要领如下。

准备姿势、引拍动作基本上与正手削加转弧圈球相同。

击球动作:身体向左转动的同时,在上臂带动下前臂向前下方用力,同时弯腰屈膝辅助向下发力,在来球弹起下降后期,拍面稍后仰,借助来球前进力,击球的中部偏下部位。击球时手腕应保持相对稳定。

反手削前冲弧圈球技术动作要领基本上与正手削前冲弧圈球相同,但方向相反。

（八）削球练习注意事项

（1）削球站位远,回接时移动范围大,因此不仅应注意上肢击球手法的合理应用,而且还应加强步法的移动。只有移动到位才能保证削球的质量,有效控制和调动对方。

（2）削球时应注意拍形千万不能过于后仰。如拍形过于后仰,不仅易造成削球过高,而且还易造成削球不过网直接失分。

（3）削球时还应注意手臂和腰、腹、腕用力的协调配合,才能提高削球的稳定性和变化旋转的能力。

九、弧圈球

弧圈球是一种具有极强上旋力的进攻技术。它自 20 世纪 60 年代初由日本运动员首创以来,有了很大的发展,不仅形成了以弧圈球打法为主的类型,而且已经成为其他类型打法的选手所必须掌握的一种进攻技术。其特点是稳定性好、攻击力强,能体现积极主动、快速进攻的指导思想。它的种类很多,现主要介绍以下几种。

（一）正手高吊弧圈球

正手高吊弧圈球的特点是球速慢、弧线高、曲度大、上旋力特强,着台后向下滑落快,对方回击不当易出高球或出界。

准备姿势:两脚开立,右脚稍后,身体略向右转,两膝微屈,重心放在右脚上,离球台约 60cm。

引拍动作:手臂稍内旋使拍面略前倾,前臂自然下垂,右肩稍低于左肩,引拍至身体右下方,并使拍形固定。

击球动作:右脚掌蹬地,腰、髋向左转动的同时,手臂向前上方挥动,前臂在上臂带动下加速向左前上方发力,在来球弹起下降前期,拍面稍前倾,摩擦球的中部或中上部。

（二）正手前冲弧圈球

正手前冲弧圈球的特点是弧线低、球速快、上旋力强,有一定的力量,球着台后前冲力大。运用这种打法可直接得分或为扣杀创造机会。

准备姿势:两脚开立,右脚稍后,身体稍向右转,重心放在右脚上,根据来球选择站位的远近。

引拍动作:手臂内旋使拍面前倾大些,引拍至身体右后方,球拍与来球同高或略低于来球。

击球动作:随腰、髋向左转动的同时,手臂向前上方挥动,前臂在上臂带动下前臂略向前发力,在来球弹起高点期或下降前期,拍面前倾,摩擦球的中上部。

（三）正手侧旋弧圈球

正手侧旋弧圈球的特点是带有极强的上旋和侧旋,飞行弧线向侧偏拐,球着台后急速向侧下滑。

正手侧旋弧圈球技术动作要领和准备姿势基本上与正手前冲弧圈球相同。

引拍动作:手臂略屈自然下垂并内旋使拍面方向偏左,手臂向右侧后方移动,引拍至身体右侧后方。

击球动作:随腰、髋向左转动的同时,手臂向右侧挥动,前臂在上臂带动下加速向前方发力,在来球弹起下降期,拍面稍前倾,摩擦球的右中部或右中上部。

（四）反手前冲弧圈球

反手前冲弧圈球的特点与正手拉弧圈球一样,多为横握拍选手所采用。

准备姿势:右脚稍前,重心放在左脚上,根据来球选择站位的远近。

引拍动作:手臂外旋使拍面前倾大些,腰、髋稍向左转,上臂肘关节靠近身体,前臂向左后方移动,手腕内收,引拍至身体左后略下方。

击球动作:随腰、髋向右上方转动的同时,手臂向前迎球,肘关节内收,前臂加速向前为主略向上,手腕外展,在来球弹起高点期或下降前期,拍面前倾,摩擦球的中部或中上部。

(五)弧圈球练习应注意的事项

(1)应充分做好肩部和腰部的准备活动,以免受伤。

(2)击球的作用力线一定要远离球心,加大力臂才能增大击球的上旋强度。

(3)应注意上臂、前臂、手腕、腰与腿的力量协调配合,并集中使用在击球的瞬间,以加强摩擦球的速度。拉完球后,手臂应及时放松,迅速还原,做好下一次击球的准备。

(4)拍形角度不宜过小,否则易出现拉空或碰拍边的失误动作。

第二节　乒乓球基本战术

运动员在比赛中,根据自己和对手的具体情况,正确而有目的、有意识地运用所掌握的各种技术,充分发挥自己的特点,压制对方的长处,紧紧抓住对方的弱点,为战胜对手而采取合理有效的方法,就形成了战术。战术是以基本技术为基础的,基本技术掌握得越全面、越纯熟,越能更好地完成比赛中的战术实施。在运用战术过程中,要体现以我为主、积极主动、机动灵活的思想,打出风格,打出水平。在乒乓球比赛中,进攻与防守、主动与被动、防守与反击经常在短时间内交替出现、相互转化,因而在平时的教学训练中应注意带着战术和比赛的观念练技术,才能练得活,才能在比赛中取得理想的成绩。基本技术与战术既有明显的区别,又紧密地联系在一起,两者相互制约、相互依存、相互促进。一般来说,技术的发展必然带来新的战术,新的战术又促进技术的提高和发展。

一、制定战术的基本原则

(一)知己知彼,有的放矢

比赛前,不但对自己的技术情况要心中有数,而且要通过观察了解和分析对手整体的作战情况,摸清对手的球拍性能、基本打法、技战术运用特点、主要弱点、精神状态、心理素质、身体状况等,有针对性地制订出自己切实可行的作战方案,真正做到知己知彼,有的放矢,以取得比赛的好成绩。

（二）机动灵活，随机应变

考虑和制定战术时，必须灵活多变，不能单一刻板。某种打法或某种战术在开始的时候对方可能不适应，如某种发球开始有可能连续直接得分，可对方一旦适应，常会出现接发球抢攻。这就要求改换另一种发球方式。又如，比赛中连连攻击对方反手，对方回击出现了可以进行扣杀的高球，取得了较好的效果，但对方适应后，改变成压中间或正手，也会造成自己措手不及。此时，应使旋转、力量、速度、落点灵活多变，给对方回球制造困难，才能达到取胜的目的。

（三）以己之长，制彼之短

每个运动员都有自己的打法和风格，不管哪一层次的运动员也都有自己的长处和不足，如有的运动员发球好一些，有的善于打快攻，有的善于打搓球突击，有些擅长拉弧圈球的运动员又有正反手优劣之别，等等。比赛时就要根据自己和对方的特点，发挥自己的长处，抓住对方的短处，以我为主，积极进攻，自始至终掌握比赛的主动权，争取比赛的胜利。

（四）勤于观察，善于分析

乒乓球比赛时，运动员要及时观察场上战局的变化，特别要注意分析对方的心理，及时调整和变化自己的对策，鼓舞士气，增强信心。及时改变对策，果断地给对手出其不意的攻击，破坏其作战计划，从心理上给对方以威胁，达到取胜的目的。

（五）勇猛顽强，敢打敢拼

制定战术必须体现积极主动快速的思想，具体实施时要果断大胆、勇猛顽强、敢打敢拼，比分领先时乘胜追击，相持时不手软主动进攻，落后时不气馁奋起直追，才能使比赛中各种战术的运用取得明显效果，达到预期目的。

二、战术种类

（一）发球抢攻战术

它是以攻为主的选手常使用的一种先发制人的战术。发球抢攻战术运用的效果主要取决于发球质量和前三板的进攻能力。发球抢攻战术有：①反手发右侧上、下旋球后抢攻；②反手发急上、下旋球后抢攻；③正手或侧身发转与不转球后抢攻；④正手发右侧上、下旋球后抢攻；⑤下蹲式正、反手发左、右侧上、下旋球后抢攻；

⑥侧身正手发高、低抛左侧上、下旋球后抢攻;⑦正、反手倒板发转球与不转球(这是采用两面不同性能球拍的选手常用的发球)后抢攻等。

(二)对攻战术

它是进攻型打法互相对垒时常用的一种战术。快攻类打法主要是依靠正、反手攻球和反手推挡的技术,充分发挥快速多变的特点来调动对方,以达到攻击的目的;弧圈类打法主要是依靠正、反手拉弧圈球和扣杀技术,充分发挥旋转的威力来牵制对方,以达到攻击的目的。常用的对攻战术有:①紧压反手,结合变线,伺机抢攻,即以压反手为主,当对方侧身时配合变线,伺机侧身抢攻;②调右压左,伺机抢攻,即先调正手,再压反手,使对方不能发挥近台反手和侧身攻的特长;③连续压中路及正手,伺机抢攻,即先压中路,迫使对方侧身让位回击,再变正手,然后抢攻;④轻重力量变化,伺机抢攻,即先用加力推挡,迫使对方离台,再用减力推挡引对方靠近球台,在调动对方前后移动中,伺机抢攻;⑤近台打(拉)回头和远台对攻(拉),即在被动的情况下,用打(拉)回头的办法,争取由被动变主动,此外,还可用远台放高球作为过渡性的防御手段。

(三)拉攻战术

它是以攻为主对付削球类打法的主要战术。要使拉攻战术运用得好,首先要拉得稳,并有落点、旋转和轻重力量的变化,才能创造较多的战机;其次,要具有拉中突击或拉冲结合和连续扣杀的能力,方能奏效。其主要战术有:①以拉反手为主,侧身突击(或拉冲)斜线后,进行扣杀或加力拉冲;②拉两角,突击(或拉冲)中路或直线后,扣杀或拉冲两角;③拉中路,突击(或拉冲)两角,再扣杀或拉冲空当;④拉正手,伺机突击(或拉冲)后,连续扣杀或拉冲,这是用以对付正手较弱的削球手的战术;⑤长拉短吊,伺机突击或拉冲,即在拉攻中利用吊短球或搓球引对方靠近球台,再用突击(或拉冲)及连续扣杀或拉冲,这是用以对付站位较远以稳削为主的选手的一项重要战术。

(四)搓攻战术

它是利用搓球的旋转变化和落点变化为进攻创造机会的战术。进攻型选手以此作为辅助手段,而削球类选手则以此作为反攻的重要手段。其主要战术有:①以快搓短球为主,伺机进攻,即用搓短球控制对方,以便抢先进攻,这是进攻型选手之间常用的战术;②搓转与不转球至不同落点,伺机进攻,即用本身动作或倒换两面不同性能球拍搓出不同旋转球进行抢攻;③以稳搓防守为主,伺机进攻,这是以稳削为主的选手常用的一种战术,即用加转搓球为主控制对方,同时作为防御准备,遇有机会则用正、反手进行抢攻。

(五)削中反攻战术

它是以削球的旋转变化和落点变化迫使对方回球偏高,伺机反攻,是削球类选手赖以得分的主要战术。其主要战术有:①以削加转球至对方左角为主,配合削不转球至对方右角后进行反攻;②连削对方正手,突变反手,迫使对方用搓球回接,伺机用正手或反手反攻;③连续削加转球至不同落点,伺机削不转球后进行反攻,这是使用两面不同性能球拍的选手采用倒板削球的主要战术;④中近台逼角反攻,即站位较近,用快削逼住对方两大角,迫使对手左右奔跑,伺机反攻。由于弧圈球技术的飞速发展,给削球类打法带来新的难点,只有在削球中创造机会进行有力的反击,才能给削球类打法带来新的生命力。

(六)接发球战术

它是与发球抢攻战术相抗衡的一项战术。其目的在于破坏对方发球抢攻战术的运用,争取形成相持或主动的局面。接发球战术主要有:①用拉球、快拨或推挡回接,争取形成对攻的相持局面,这是比较主动的接发球方法;②用快搓短球回接,使对方难以发力抢攻(拉),力争下一板抢先进攻,切忌连续搓球,以免造成被动;③用搓球或削球的旋转、落点变化来控制对方,以造成对方击球失误或形成相持局面,这是削球手常用的接发球方法;④接发球抢攻,这是比较积极、主动的回接方法。当正确地判断对方来球旋转性能并在击球位置较合适时,大胆运用这种战术,虽然难度较高,但效果较好,多为攻球手所运用。

(七)挡、攻、削结合战术

挡、攻、削兼施是攻守结合型打法的一项综合性战术。这种战术尤以直拍攻守结合型的运动员运用较多。常用的挡、攻、削结合战术主要有:①挡后变削,进行反攻;②削后变挡或拱球,伺机反攻;③攻后变挡或削球,伺机再攻。

参考文献

[1] 赵翼虎.人文体育教学概论[M].北京:化学工业出版社,2014.

[2] 南海燕,丁丹.现代教育观、健康观、体育观[M].沈阳:东北大学出版社,2009.

[3] 李启迪,邵德伟.体育教学基本理论研究[M].北京:北京师范大学出版社,2014.

[4] 王崇喜.体育课程与教学改革研究[M].郑州:河南大学出版社,2014.

[5] 龚正伟.体育教学新论[M].长沙:湖南师范大学出版社,2013.

[6] 李相如,苏明理.全民健身导论[M].北京:高等教育出版社,2008.

[7] 吕树庭,刘德佩.体育社会学[M].北京:人民体育出版社.2007.

[8] 李建国.社会体育[M].北京:人民体育出版社,2004.

[9] 邱丕相.民族传统体育概论[M].北京:高等教育出版社,2008.

[10] 张选惠.民族传统体育概论[M].北京:人民体育出版社,2006.

[11] 冯国超.中国传统体育[M].北京:首都师范大学出版社,2007.

[12] 曲小锋,罗平,白永恒.民族传统体育研究[M].北京:中国商务出版社,2007.

[13] 王英.民族传统体育文化研究[M].西安:西安地图出版社,2008.

[14] 卢兵.中华民族传统体育文化导论[M].北京:民族出版社,2005.

[15] 陈青.学校民族传统体育[M].北京:人民体育出版社,2002.

[16] 孔繁敏.奥林匹克文化研究[M].北京:人民体育出版社,2005.

[17] 郭兆霞.奥林匹克教育历史演变研究[D].北京:北京体育大学,2010.

[18] 张立燕.文化认同视角下的奥林匹克文化发展[D].济南:山东师范大学,2015.

[19] 熊晓正,陈剑.奥林匹克知识读本[M].北京:人民日报出版社,2007.